Haydar Ergülen, Nar'ın babası.

**Türkisch
Lyrik
Ergu**

Yayın Yönetmeni: İlknur Özdemir
Kapak Tasarımı: Melis Rozental
Grafik: Yeşim Ercan Aydın

Tanıtım için yapılacak kısa alıntılar dışında, yayıncının yazılı izni alınmaksızın, hiçbir şekilde kopyalanamaz, elektronik veya mekanik yolla çoğaltılamaz, yayımlanamaz ve dağıtılamaz.

Birinci Basım: Kasım 2011
ISBN: 978-605-5340-06-3
Kırmızı Kedi Sertifika No: 13252

Baskı: Pasifik Ofset 0212 412 17 77
Pasifik Ofset Sertifika No: 12027

Kırmızı Kedi Yayınevi
www.kirmizikedikitap.com / kirmizikedi@kirmizikedikitap.com
Ömer Avni M. Emektar S. No: 18 Gümüşsuyu 34427 İSTANBUL
T: 0212 244 89 82 F: 0212 244 09 48

Haydar Ergülen

AŞK ŞİİRLERİ ANTOLOJİSİ

Şiir

İdil'ime, Nar'ıma

*ve birbirlerine kavuşan
Mısır'ıma, Kiraz'ıma*

Nişanlılar müzesi

> *15. nişanlılık yıldönümünde*
> *nişanlım İdil'e*

Evlilik de iyi ama, fikrimce
en iyisi müzede korumak nişanlıları
orada beyaz bir sessizlik içinde
kırışmadan beklerler senelerce

Hem diyalektik olanı da bu gibi
evlilik dediğin nihayet bir netice
nişanlılıksa geçmişi, geleceği ve bugünüyle
tez, antitez ve sentezden mürekkep bir eğlence

Biz seninle biraz evliyiz biraz nişanlı
Nar da evliliğimizin değil de sanki
nişanlılığımızın meyvesi gibi
iki nişanlının mahcubiyetinden kırmızılığı

Bu şiirde bütün sözcükler beyaz
evlilik, diyalektik, tez, antitez, sentez
Nar ve kırmızı sözcükleri bile,
nişanlılık beyaz sözcüklerden bir müze

Orada anılar hâlâ ilk günkü kadar taze
çiçekler hiç koparılmamış gibi uykusundan
ve nişanlılar hiç evlenmemiş gibi
pıryürek, pürdikkat, pekrikkatliler birbirlerine

27 Temmuz 2011
Nişanlınız

Nişanlı sözler...

Sesini elma gibi yıkayacağım
üzüm gibi parlatacağım sözlerini
seni kokulu kelimelerle öveceğim
bırakacağım kendimi çölün dalgalarına
masmavi kumlarında senin için yüzeceğim
senin için uçacağım aklımdan
senin için Sinbad, Alaaddin, Binbir Gece
senin için Düldül, senin için Arap atı
kırmızı yeleli bir at olacağım ve çatlayıncaya dek
haykıracağım seni sevdiğimi köpürmüş sözcüklerle
senin için unutacağım bildiğim her şeyi
ve yalnızca senin için öğreneceğim yeniden,
senin için yumacağım gözlerimi anılara
ve senin gözlerinle başlayacağım görmeye bir daha,
böylece nişanlılar için en uzun hecenin
aşk olduğunu da aşkla söyleyeceğim herkese
ve hayranlıkla heceleyeceğim aşkı
ve nişanlılığın yalnızca hecelemek olduğunu
hiç unutmayacağım hece serçe parmağı gibi bir şey
serçe parmağım benim, nişanlı parmağım, hecem
bir hece gibi serçe parmağıma takacağım seni nişanlım
büyümeyelim hiç birbirimizden serçe olalım
hiç kırılmayalım birbirimizden sırça olalım
iki yarımdan bir tam olmayalım hiç hece olalım
sütünü de heceleyeceğim ve süt gibi içeceğim acılarını
seni kum gibi seveceğim, sıcağı sıcağına,
sana bir dağ gibi hürmet edeceğim
bir avlu gibi yüzüne bakacağım

bir nehir gibi akışlı olacağım yaz kış
bir görgü ceminde gibi görüleceğim sana
talibin olacağım, niyaz edeceğim huzurunda
senin için turnaları sevince süreceğim
senin için atları şiire süreceğim
senin için yılkı atlarını toplayacağım ıssızdan
ve yalnızca senin için bekleyeceğim seni
geceyi de senin gelmen için bekleyeceğim
bir kapı gibi açılmanı bekleyeceğim
ve senin için soyacağım kelimeleri tepeden tırnağa
çırılçıplak bırakacağım şiiri senin için
ne ölçü ne uyak ne redif ne imge
ne müzik ne ahenk ne ritm ne eda
ne epik ne lirik ne boşluk ne kelime
esin de sensin nişanlım peri de
bir çöl, bir bedevi, bir Arap şairi gibi
kumun ışığında bir Arap şiir geleneği gibi
yedi gecede yazacağım senin şiirini
ve çöl hecesiyle yedi kere seveceğim seni

27 Temmuz 2010

Nişanlım, yenim...

Nişanlım, yeni gelinim benim
uzak temmuzlardan gülümseyenim
bekleyenim, güzelim, iyimserim
öyle kal, eskiden beri yenim

Ne bir geçmiş gün ne de bir anı
dünyayla değil bir adayla nişanlı
gözünün sonsuzluktan başka bir şey görmeyişi
ondandır evlilik geçerken nişanlının bekleyişi

Nişanlım benim, yenim, yağmurlu gelinim,
yağmurundan bir tane verenim, Nar gibi
siz ne uzun nişanlılarsınız diye sevse
hayat bizi de aşkla uzun uzun uzun övse..

27 Temmuz 2009
Nişanlınız

Mavi geçti...

Öyle bir yazdı ki
sanki gökyüzünde oturuyorduk

Seni öpmek gökyüzünü öpmek gibi
mavi bir şeydi

Gençlik öyle bir yazdır ki
ne yurt ne ev ne oda
yalnızca gökyüzü
yeter insana

Biz seninle gökyüzünde
çok oturduk
gençliğimiz
çok mavi geçti... çok!

Sesi yaz!

Sesin yazda kalsın
sınıfta kalmış bir çocuk gibi
sen yazda kal
ben de dönebilirsem dünyadan
çocukluğuma
sen yaz sesinle çağırırsan beni
nerde kalacağım
senin yazında
senin sesinden başka?

Diyor ki:

İçerde suya karışıp uzayan bir sessizlik
tıkır tıkır çalışıyor
diyor ki: çalışkan sessizlikleri severim
aramızda bir sessizlik akıyor

İstersen ışıkları değiştirebilirim
kavuşmanın ışığı yalnızca gözlerimizdedir
ayrılığın ışığı gözlerimizi alabilir
akşamın ışığı sabah mı öğle mi bazen
ne fark eder – kimse fark etmeyebilir

Aşk yalnızca şımarmak içindir
şımarır ve şımartır
sonrasını yatıştırıcı sevgi bilir

Diyor ki: Korkutmazdı başkalarının yalnızlığı bunca
eğer konuk olabilseydik kendi yalnızlığımıza...

Gözleriniz nereden geliyor?

Nereden geliyorsunuz?
–Nehirden!
Fakat gözleriniz neden yeşil değil
nehir hiç akmamış sizin gözlerinizden
nehre hiç bakmamış sizin gözleriniz
nehir de hiç bakmamış sizin gözlerinize
ya da siz hiç içinize bakmamışsınız
nehre gözlerinizden bir şey bırakmamışsınız
ağlasaydınız kıyısında gözyaşınız ona karışırdı
gözleriniz nehirle öyle barışırdı
fakat siz nehre bir göz atmamışsınız
ona güzünüzden bir gazel
saadetinizden bir nilüfer olsun bırakmamışsınız
içinizi bir kuyu gibi kupkuru bırakmışsınız
bir nehrin derinliğine hiç dalmamış gözleriniz
bir nehir yalnızca aktığı değildir, gölgesi vardır
bir göz yalnızca baktığı değildir, gölgesi vardır
kirpiklerinizi hiç çekmemişsiniz bir gölgeye
kirpikler serinlik ister çünkü, serinlikte uzar,
gözleriniz bu kadar güneşli, bu kadar çıplak
ve bu kadar bakışlıyken kirpiklerin merhametiyle
yatışırdı belki, nehre baksaydınız yatışırdı,
suların gölgesi bile yatıştırırdı gözlerinizi,
öyle iyileşirdi, geceyi görebilirdi, içinizi
görebilirdi, rüya kuyusuna düşebilirdi
kirpikleriniz kurumuş gözlerinizin çıplaklığından,
ve rüyalarınız silinmiş uykusuzluğundan...

Siz bir nehre değil bir kuyuya bakmışsınız
nehirlere gözle bakılır çünkü, kuyulara sesle
kopkoyu bir ses edinir insan kupkuyu bakışlardan
nehir hiç geçmemiş sizin gözlerinizden
nehrin gölgesi bile geçmemiş,
sizin gözleriniz bir kuyuya dalmış,
insanın gözleri sevdiklerinden alır rengini
aşktan, nehirden, zeytinden, üzümden, gölgeden
sizin gözleriniz nehirden gelseydi
ruhunuz bana bakardı
nehirden gelseydi sizin gözleriniz
bana akardı
akardık birbirimize...
...
Sizin gözleriniz nehirden gelmiyor
belki yalnızlıktan
belki ıssızlıktan
belki kimsesizlikten
belki de gözyaşından
geliyor sizin gözleriniz...

Güz defteri

Ağacın defteri güz
herkes ona bir anı saklar
bundandır hemen dolması
defterde güzün
anılarda gözün

Yapraklar mı döker gazelini tek
güz dökümü nedir ki
anıların dökümünden başka
bir de ona eşlik eden
gözyaşları yavaşça

Biz de bir anı olacağız
yani olabiliriz istersen
sen beni saklarsan eğer
gölgesinde bir yaprağın
ve bir gazelinde güzün

Güz koruma kılavuzu

"Güz, gölün kıyısında durdu
sessizlik iki kere kuğu
şimdi fazladan bir yaprak
belki anılardan doğru..."
diye bir şiire başladım
"Kim geride kalsa
dostlukta, aşkta, ayrılıkta
onun adı güze çıkar"
–'onun adı güze yazılır' da olabilir–
diye sürebilirdi belki
ve bitebilirdi eski bir güz
tekrarı olarak bu şiir
bir yaprak hırsızı olmakla övündüğüm
eylülde şu güzkurusu dizelerle:
"İnsan bir yaprak gibi
düşse kendinden
güz'ey
kim kurtulur kimden?"

Güzün yaprağa, yaprağın şiire söylediği:
İnsan da kendinden düşmeyi bilmeli

Siz bende ...., ..., ...

Siz bende akşam, akşamda vapur, vapurda hüzzam
siz bende sokak, sokakta ağaç, ağaçta orman
siz bende turna, turnada bozkır, bozkırda tren
siz bende şarap, şarapta üzüm, üzümde gazel
siz bende Hayyam, Hayyam'da Neyzen, Neyzen'de Hallaç
siz bende dünya, dünyada gölge, gölgede zaman
siz bende vuslat, vuslatta hicran, hicranda umman
siz bende mektup, mektupta rüya, rüyada sonsuz
siz bende âlem, âlemde kaos, kaosta huzur
siz bende kuyu, kuyuda yusuf, yusufta zindan
siz bende çerağ, çerağda ateş, ateşte kayık
siz bende hayret, hayrette makam, makamda derya
siz bende güzel, güzelde gülüş, gülüşte yeni
siz bende ada, adada zeytin, zeytinde kara
siz bende Granada, Granada'da Nar, Nar'da Lorca
siz bende Beyrut, Beyrut'ta Hamra, Hamra'da kırmızı
siz bende şehir, şehirde yağmur, yağmurda ceylan
siz bende güneş, güneşte avlu, avluda kumral
siz bende kuzu, kuzuda sürme, sürmede keder
siz bende zikir, zikirde sema, semada semah
siz bende Eylül, Eylülde rüzgâr, rüzgârda mavi
siz bende varlık, varlıkta yokluk, yoklukta tamam
siz bende şaka, şakada ısrar, ısrarda devam
siz bende başka, başkasında ruh, ruhta pervane
siz bende nasip, nasipte heves, heveste arzu
siz bende aysar, aysarda esrik, esrikte göksel
siz bende şiir, şiirde Haziran, Haziranda aşk
siz bende ...., ..., ...
(şiiri dilediğiniz sözcüklerle sürdürebilirsiniz...)

Aşk için önsöz

Beni üzme

Kendini de benimle üzme

Sözümüzü üşütme

Fazla açılma benden

Çok açılma bana da

Kendine de fazla açılıp da

İçine düşme

Geçmişe gül gönder

Unutma

Anılar da su ister

Anılara iyi bak

Bana bak

Beni tut

Bana tutun

Beni orda burda

Beni şunda bunda

Unutma

Bak

Üç arzum kaldı sende...

Bir: Arzumavimelektir

Arzu deyince aklım başımdan gitmiyor oysa gerek öyle olması gibi bir şey sanırım ve hepimizin içi gidiyor... mu pek sanmam nereye gidecek bir av ve avcı hikâyesi değil ki bu bana kalırsa yine de onunla başlamış bulunsa bile karanlık alfabe yahut alfabenin karanlık bir sayfası hiç çocuklara gösterilmesin olur mu olmuş arzu nedir bilmeyen bir alfabenin evlatlarıyız şimdi şimdi akıl başa akıl başa ve arzu geliyor artık arzu başa geliyor hem de tam geçmiş üzereyken burdan ve bunca sonra bulunmakla yeniden bilmiyorum hiç tecrübe etmedim bunu ve galiba daha da pek edemem beni sona bırakın benim bıraktığım gibi şeyi sona kimsenin şarkısı dilinden düşmüyor ama sesinden düşüyor bence arzu böyle bir şey müzikli de sanki mini bir müzikhol ama içi dolu arzucuk uzatırsanız boynundan tutmayın hemen kırılıyor dostlarım çok rica ederim benim o zaman insan tüm hayatını bir arzu defterine çekiyor ve sürmeli gözleriyle meşhur bir zenne taklidine kalıyor kendi kendine ona bir zamanlar teşne denildiğini duymuştum eski kibar muhitlerin birinde bir locası varmış: —Arzu gerçektir tek hakikidir arzu o yüzden hep takmadır ismi günleri takvimlerden çalınmış ve adı yanlış bir mevsimden kopmuş rüzgârların önünde taze bir yaprak gibi dalından soyunmuş: Takmadır tüm Arzular, adları takmadır ve onu takınmak, evet bir tavır takınmaktır, gerçeği takınmaktır, arzu gerçeği asıl takınandır sonradan vurup mevcudun adına işte her şeyden bir arzu kaldı bize başında ve sonunda gerçek saf olur muydu bunca ve lekesiz arzu olmasaydı

sanki mavi melek gibi bir şey galiba tam da mavi melek
melekler beyazsa ve beyazsa gerçeğin rengi tıpkı küçük
küçük yalanlar gibi yaramazlar gibi küçük ve beyaz
işte onlar içlerindeki papatyalardan kurtulur kurtulmaz
ve kurtarır kurtarmaz dillerini okulöncesi kızçocuğu dilinden
artık onları yukarda gök aşağıda dağ ve yüzerden nehir tutamaz
melek mavi olursa adı arzu olur rengi takma yüzü takma
ama işte odur beyazların fazla kusursuz fazla aydınlık
parlak gözkamaştıran sözleri ve hatta suskunluklarının bile
fazla doğru olduğunu bunu da dünyaya bakıp insanlardan
uydurduğunu biraz ve böyle şeyler içimi burkuyor haliyle
"şefkatse bardaki sarışın kız" en şahane dizelerden berceste
arzu da mavi melekse öyleyse yalnızca baştan değil
akıldan da çıkaracak bir şeyler var demektir: akıldançıkarıcı
yani baştan çıkarmaz insanı yalnızca akıldan çıkarır asıl
demek ki arzunun botaniğine, yani elmanın, lalenin,
marihuananın ve patatesin yanına bir de mavilik eklenecek
günebakan değil, akşamsefası değil, unutmabeni değil,
hevesçiçeği gibi, rüyagülü gibi, şefkatmenekşesi gibi,
bir mavimelektozu: aldanış değil olsa olsa yanılış
dil çabuk şiirin acelesi var yazı koşuyor söz köpük
herkes beni aldatmış olsun aldatabilir ama ben hiç
aldanmam, aldanmak yoktur dostlarım insan yanılır
ikisi farklıdır insan yanılır fakat aldanmaz, aldatılır
arzu beni aldatmadı arzunun kimseyi aldattığı da yok
hem arzu öyle tek gecelik bir şarkı da değil bir içim
şiir hiç bir tadım öykü bunlar beşer şaşar işlerdendir
arzunun bahçesi vardır ve orada da sabah olur ay
batar akşam olur ay çıkar "muttasıl güller" yanar
bazen arzu ettim sana geldim deriz sanki dünyaya
insan bu bahçede arzu ettiği kadar kalmıyor ama...

iki: Arzumecaz
Arzu imkânsız bir şeydir imkânsızın şarkısı
imkânsızın duası imkânsızın rüyası
ne aşka benzer ne vuslata kim kavuşabilir ki ona
kavuşmak ister mi kavuşulmak ister mi
hem kendinden geçse adından geçer mi
'Arzumecaz' iyi bir sufi yorum olurdu belki
hurufi şehrinden geçip kalenderi dairesine dek
bir yolculuk yapabilseydi şu kelimeler tek
lakin arzuya da leyla gibi çöl gerek
şems istemez arzu geceyle büyümek ister
ayla büyümek ister o çıkarken âleme
gölge beğenir kendine karanlık bir şehir
olur ve kiminin kalbi açık gözü bağlı
kiminin gözü açık kalbi bağlı ve acıdan
ve tutkudan ve istekten hepsinin dili bağlı
dili kör kalbi kör eli kör sözü kör sesi kör
kim varsa sırtında yangınıyla gelir bu şehre
ne Babil'dir orası ne İthaka son bir ada
arzudan bir ada ki bazısının yangını ateşle
söndürülür bazısına yansın diye su verilir burada
ve insan arzu diye bir şeyi arar durmadan
o nedir o 'saudade' gibi bir şeydir çiftyumurta
yalnızlığı filan demeyin ikilenmiş hiç değil
olmayana özlem çok! Arzu kızkardeşidir
'saudade' arasın dursun kayıp kızkardeşini
ne 'saudade' vardır ortada ne de adada arzu
dönüp dururlar dönüp çoğaltırlar boşluğu
bile döner boşluğun başı ince derinden
"dönen dönsün ben dönmezem" fikrimden
ne kimse kendinden döner ne arzuyla gittiğinden!

Üç: Arzukuşu
iki boşluk birbirini hep bulsa hiç olur
arzu erken gelse yine vakit geç olur
arzu yoksa kolay varsa güç olur
sıdk ile arzulayıp kalma yolundan

Arzu vakti gelmiş canlar sıralı
suna mısın ey yar gönlün nereli
senin hallerini dosttan soralı
arzu kuştur uçar tutma telinden

Arzumanım kaldı gazel çağında
sözler kaldı arzu ile hal arasında
çiçekler solup da gül yarasında
arzu merhem olmaz kaçma ölümden

Bir gökyüzü nasıl gelişir?

Gölgesinin altında, biri yeşil, iki renk akıyorsa
ve nergis gibi görüyorsa suda mavi suretini
bazen geceleri nilüferlerin koynunda ay gibi
uyuyorsa, uyuyamıyorsa, ona kurbağalar şahit,
suların mavisi göğe kavuşmak için kendinden
geçiyorsa bazen yükselip çıkıyorsa insanlar
onu düşünüyorsa aşağıda bir yerlerde üç vakit,
ve beş vakit selamlıyorsa onu bulutlar, göğün
parkında mavi salıncaklar ve hiç durmadan
dönüyorsa bir atlıkarınca belki bulutlardan,
onların bazıları yağmur, bazıları da rüya olarak
iniyorsa aramıza, ruhumuza, yastığımıza,
var demektir gökyüzüyle bir yakınlığımız
belki yıldızlardan doğru, belki mavi öğrencisi
olduğumuz için göğün yüzünü kaldır bak,
gözlerin yetmez, yüzün yetmez, bir de ellerinle
bak, bazen kalbimiz gibi ruhumuz da elimizdedir,
bazen de ruhumuz gibi kalbimiz de evsiz,
bunlar yaşadığımızdır, daha ötesini bilemeyiz,
fakat sen bak, bakmak gökyüzünü geliştirir,
onun bahçesi olan ormanları geliştirir
onun gecesini koşan geyikleri de şiir emzirir
o şems ise kameri, o kamer ise şemsi,
göğün iki adı yazıyor yüzünde gece ve gündüz
tıpkı ay ve güneşin birbirine bakması gibi
bakmak gözlerimizi geliştirir göğü getirir
bak çünkü insan görüyorsa öğrencidir,
bakıyorsa şaşkındır, duyuyorsa başkasıdır

ve gökyüzü biliyorsa aşağılarda bir yerde
bizim onu düşündüğümüzü, dönüşündeki hüznü
hayvanların otlaklardan, bilir ve duyar o,
zira geceyle gökyüzü aynı şey değildir
bir de yeşil var yaprakların, dalların, ağaçların
göğe uzanmak için sıkı sıkıya sarındıkları manto
düğmeleri çiçekten, hem bir gökyüzü de bazen
boşluktan gelişmez mi, gelişir, bizim ona nasıl
baktığımızı görmek için bize bakmaktan gelebilir,
onun gözü değil artık gönlü de üstümüzdedir...
... Bir gökyüzü bunlarla nasıl gelişiyorsa işte
benim sana bakışım da böyle gelişir!

On yedi haziran, on yeni haziran

Haziran aşkına

1.
Haziran, iyilik olsun diye
Asya ile Avrupa'yı birbirine bağlar

2.
Gelince hep yeni olur Haziran

3.
Derdini birine ödünç vermektir aşk,
Haziran, sevincini vermektir biri geçerken

4.
Haziran'ın vapuru, mektubu, pulu, treni
geçin gidin Haziran'da unutun beni

5.
Kâğıt gibi bir oğlan, pul gibi bir kız
ince mektup Haziran

6.
Nice Haziran'lara aşkla efendim
(yağmur mu dediniz o içimizdedir)

7.
Haziran'ın yarısı şiir, sözcükleri yolda
yarısı kedi ikindisi, içi uykuda

8.
Haziran şehrine vardım ölçüldüm
aşktan boyum uzadı

9.
Aşkın kırmızı dökülüşü Haziran'da
gövdeli şarapta taze çayır kokusu

10.
Ne işimiz var çıkmayalım dışarı
Haziran'ın içi iyi

11.
Haziran'ın ikimize çevirisi:
Yaşasın üçümüz!

12.
Haziran gibidir herkes yaşarken
aşk ayakta ve tekrarda sonsuzluk...

13.
İnsanın başına aşktan fazla ne gelebilir?
–Elbette Haziran!
İnsanın başına Haziran'dan fazla ne gelebilir?
–Elbette Nar!

14.
Haziran'da şiir mi yazılır
beklerken aşk içinde yaz

15.
On yedi Haziran, on yeni Haziran
her Haziran yepyeni bir kelime, yaz!

16.
Nar'ı Haziran'da görün siz kırmızı
iyilik kırmızı sözcükler kırmızı gülüş

17.
Haziran İstanbul'dur
Nar olsun diye
adamla kadını birbirine bağlar.

İdiller gazeli

gözlerin yağmurdan yeni ayrılmış
gibi çocuk, gibi büyük, gibi sımsıcak

sen bir şehir olmalısın ya da nar
belki Granada, belki eylül, belki kırmızı

gövden ruhunun yaz gecesi mi ne
çok idil, çok deniz, çok rüzgâr

çocukluğun tutmuş da yine âşık olmuşsun
sanki bana, sanki ah, sanki olur a

aşk bile dolduramaz bazı âşıkların yerini
diye övgü, diye sana, diye haziran

heves uykudaysa ruh çıplak gezer
gazel bundan, keder bundan, sır bundan

gözlerin şehirden yeni ayrılmış
gibi dolu, gibi ürkek, gibi konuşkan

hadi git yeni şehirler yık kalbimize bu aşktan

İçlenbik

Aşktan Nar'a

Aşk
Kendini kimden bilirse kişi
o olurmuş ta kendisi

Avlu
Nar'a avlu olduk ya aşktan
ölürsem gölgesine gömün beni

Bağ
Üzüme bağlanır gibi içinden
aşka da öyle özgürce bağlısın sen

Bal
Bal anne bol aşk
biri Nar'a biri bana

Cam
Sana bir taş attım
dönmedi geri
galiba kalbin
taşıma değdi

Çılgın
Nar Ağacı, Elitis'in,
şimdi senden,
avlumuz gibisin üçümüzden...

Dip
Diri! İki sözcük de
nişanlı gibi
genç duruyor sende

Deli
Dildelidildelidil: Zırrrrrr bir–
anneden çatkapı Nar çılgını!

Eski
Eskiyeni, eskimeyeni
İdil'in Nar'ı, Nar'ın İdil'i
eski bir şehirli şaire yepyeni
iki birbirinden sevgili

Foça
İsterdim aşkımızın da
bir kıyısı olsun ikindiye
mutluluğun kıyısı gibi
bazen bir şiire

Granada
Özlediğimde sen sanıyorum bazen o şehri
insan şaşırıyor hangi şehri bir kadın gibi
ve hangi kadını... değil elbette, sevmeli
seni içi narlı o şehr-i Granada gibi

Hayta
Yeşildi, boldu, geçti geçmedi
taşıdığı biz miydik hevesimiz miydi?

Issı
Bak şu Nar'dan aşkımıza
güzden düşen gölgesi bile ıssı

İ'dil
Tek bayrak, tek devlet,
tek millet size kalsın
bana tek İ'dil yeter!

İçlenbik
İçi yaz gibisin
içi içlisin
içlenbiksin

Jest
Aşkın mı yoksa
Tanrının mı bana
jesti, bilemedim:
Biri oğlak
biri akrep
iki sevgilim!

Kırmızı
"Dünya güzel mi?" dedim kızıma
akşam balkonunda
dünya nasıl geçti demek istedim aslında
ben seni özleyeli kaç dünya geçti
dünya geçti Nar
dünya geçti

Onun kırmızı kafasının içinden kimbilir
ne kırmızı şeyler geçti

Benim de içimden doğru
kırmızının güzel annesine
ateşli bir şiir geçti

Likör
Lambanın altında koyu nane
açık unutulmuş bir akşam
gibi tekinsiz aşkın yarısı
bazen oradasın o yarım
liköründe nanenin, şimdi
artık onu içmeyi unuttuğun
yerde...
Nane keskindir ama
gençliğinden başı döner insanın!

Mısır
İnsanın annesi ölünce evi ölüyor
babası ölünce çocukluğu ölüyor
kedisi ölünce de sanki
kalmıyor ölecek başka kimsesi

Nar
Üçümüz müyüz
üçüz bir aşk mı bu
yoksa Nar'dan mı doğduk
yeniden biz?

İ'dil

"Dil varlığın evidir"
İdil'in bahçesi yok

Dil yokluğun sokağı
İdil'in bağı hiçten

Dil kara zeytin tane
İdil doğu gözlü Ege

Dil bende eski kırmızı
Nar kurabiye İdil'e

Dilden çıktığım olmuştur yol
İdil'e çıkmışlığımdır çok

Dil tuzuysa mavi bir yemeğin
İdil kanaviçesi gür sesle sustuğu şeyin

Dil: Şurda bir nehir devrilse
İdil orda açık olup derinleşir

Dil bal da olmalı değil mi zaman
zaman İdil de baharat bir tutam

Dil iki gözü güne uzak bir kedi
İdil gözleri silinmiş kedilerin Cumartesi annesi

Dil de yarım olur gelir gider bir
İdil nerde olsa mavi aklıdır İzmir

Dilin sonu tel sözcüklerden bir çit
İdil'in gövdesinde gezdirdiği bahçe: çıt!

Dil dese ki insan anılarıdır
İdil orda geleceğe bakınır

Dil gönüldür yolgeçendir han dil
geçtiğin mi yol kaldığın mı İdil

Dil kapalı Pazar asma kilit
İdil Cumartesi için dünyaya gelmiştir

Dilin iskelesi uzanır kıyısında sessizliğin
İdil ordan kayıp adasına gitmiştir

Dil burnunda koyu bir hapisane var
İdil'in harflerinde dört dönen rüzgâr

Dil hiç mi hiç akraba dilsizliğe
İdil 'sözcük balerini'(*) yazının cehenneminde

Dil ve İdil arasında
ne 've' olur ne de 'ile'

Dilin içinde yok öyle şiir
İdil'in şiiri çarşı pazar kır yeridir

Dil şiirin rüyası olmak isterdi belki
İdil şiirin kendisi olmasaydı eğer

Dil hâl edenlere yol edenlere
İdil olur kendini aşk edenlere

(*) Nar, İdil'in işini böyle tanımlıyor.

8 Ocak 2011 Cumartesi

12 şenlikli ay

*Kırk sevinçli
8 Ocak için*

Ocak ışığı
Işık ayında doğmuşsun
varlığın yağıyor
ruhun o senin
yağmurun...

Şubat'ta dünya
Zar, pul, şah ve mat:
Oyunlu dünya
kaybetmek de kolaylaşıyor
insan bunu anlayınca
sen bunları şiirden biliyorsun,
aşk da şiirden galiba...

Mart rubaisi
Dünya nasıl hatırlayacak bizi
suretlerimiz bir bir kaybolurken
kâinat denilen aşk denizinde sözcükler
Nazım Hikmet'in rubaisine fırlatacak ikimizi:

"*Çürüksüz ve cam gibi berrak bir kış günü
sımsıkı etini dişlemek sıhhatli, beyaz bir elmanın.
Ey benim sevgilim, karlı bir çam ormanında nefes almanın
bahtiyarlığına benzer seni sevmek...*"

Nisan: Su, toprak, hava...
Su. Peki hayat ne?
Toprak. Peki aşk ne?
Hava. Peki güzellik ne?

Nar. Peki ateş ne?

İkiçiçekli Mayıs
Hangisi çiçek?
Adı mı yakası mı önlüğü mü?

Mavi Kız İlkokulunda
yalnız değilsin ellerin var
ellerin kadar çiçeğin var
biri 'hiçunutmabeni' çiçeği
biri elinden tutmuş
'hiçbırakır mıyım' çiçeği

Haziran var!
Hâlâ öyle midir
'aşk' der birisi,
'karşı karşıya gelip
birbirine bakmak değil'
der, ne desin, ikisi
'birlikte aynı yöne
bakmaktır'. Bak!

Eskiden Haziran yokmuş besbelli
şimdi var ki birlikte iyiliğe bakmaktır,
bak, aşk birdenbire, birdenikiye, iyideniyiye...

Temmuz güneşi
Eski güneş kara güneş olmadan
melankoli gelip ruha vurmadan
altı ay bir güz sevip durmadan
sevgilim gel şu Temmuz'u azad edelim

Eski günler bol zamanlar büyülü
yaza boza kavi olur aşkın düğümü
düşlerin geleceği var rüya görülü
sevgilim gel yeniden aşkın gözüne girelim

Eşyanın yorulduğu belki zamandan
insan aşkla yenilenir eski yaradan
"Temmuz tam bu işe göredir" Turgut Uyar'dan
sevgilim gel *"Büyük Saat"*in altında öpüşelim

Ağustos şarkısı
Kalbi bulmak kolay diyorsun
peki kalbin yerini biliyor musun
kalp bazen bizde, bazen ödünç
bazen iki kalp sığmıyor birbirine

Aç kapı çal kapı kaç kapı daha
var ulaşmak için sendeki kalbe
ah kendi kalbini bilmeden başka
kalplerin kapısını çalan vakitsiz adam

Biraz kendi kalbinde kalsan, toplasan
sonra varsan kadının kalbine dursan
kırk pare şiirle onu kalbinden vursan
bu şarkıyla o güzelim kalbini çalsan...

Eylül'de armağan
Sanki biraz önce zaman
bir nefes geniş soluğu
geçmiş gibi gün dolusu
ruhun eski avlusundan
bir yakım ateş bize de
bir yudum heves içinde
bakıp bakıp da ateşe
onunla susmaya değil
tutuşturmak için sözü
her harfin gecesi vardır
o ateşten armağandır
Eylül'ün düştüğü avlu

Ekim yalındır
Şiir yalındır bu mevsimde
çıplak dağda bir gece
nöbetini tutar önce
sonra yalnız şehre döner

Aşk yalındır bu mevsimde
bazı bazı ruhlar da
yalın yalnız evrende
ister süslenmek, çok mu
çıkar içimizden öte
yine bizim yerimize
yenilir, büyür, bozulur
döner yalın evine

Şükür yok aramızda henüz
ustası sevmenin
acemi, yalın, halsiz
sevgilim böyle iyiyiz

Kasım: Üç
Har.
Nar.
Yar.

Bende
üç
ateş
var.

Daha Aralık
Işığın kapısı
arzuya açık

*"Gözün kirpiği var
bakışın uçuşu"*

Aşk koyu
varlığın açık

Nar alfabesi

Ağacım. Aklım. Anam. Arkadaşım. Armağanım. Aşkım. Ateşböceğim. Atlasım. Avlum.
Bağım. Baharım. Bahçem. Başkentim. Bereketim. Birim. Biriciğim. Birliğim. Binim. Boncuğum. Bulutum.
Canım. Canımıniçi. Cemim. Cümlem. Cumartesim. Çimenim. Çöreğim. Çocuğum. Çocukluğum. Çoğum. Çokluğum.
Demim. Denizim. Dilim. Dostum. Duam. Düğmem. Dünyam. Evim.
Fikrim.
Gazelim. Gecem. Gerçeğim. Göğüm. Gönlüm. Gözüm. Gülüm. Gülüşüm. Gündüzüm. Güneşim. Güzelim.
Hayatım. Hevesim. Herşeyim. Hırkam.
Işığım.
İçim. İdilimin. İkindim. İlacım. İyiliğim.
Kalbim. Kanadım. Kardeşim. Karpuzum. Kılavuzum. Kınalım. Kızım. Kızılım. Kızılbaşım. Kırmızım. Köprüm. Kurabiyem. Kuzum.
Limanım.
Masumum. Mavim. Mayam. Meleğim. Mercanım. Meyim. Mintanım.
Nar'ım. Nasibim. Nazlım. Nefesim. Neyim. Niyazım.
Ormanım.
Ömrüm.
Parkım. Perim. Prensesim.
Ruhum. Rüyam.
Sabahım. Sahilim. Semahım. Semtim. Sevincim. Sözüm. Suyum.

Şarabım. Şarkım. Şefkatlim. Şenliğim. Şiirim.
Tanem.
Uğurum. Umudum. Unum.
Üzümüm.
Vatanım. Varlığım.
Yağmurum. Yavrum. Yazım. Yıldızım. Yurdum. Yoldaşım.
Yolum.
Zamanım.

Nar için 1000 tane

> "Tane tane yaz.
> Tane tane olsun.
> Tane tane olsun ki,
> anlaşılsın.
> Nar, bir *tane*."
>
> *Seyhan Erözçelik*

Nar'a başla, kitabı aç, güze yürü
kırmızı düşün iyi huyları
her şeyi narla ölç
yalnızca yalnızlığa yaklaşma
ona içi de yetmez Nar'ın dışı da
parkların sessizliği çok şey söyler
parkların yalnızlığının yanında
Nar'a bak onda küçük evlerin ışığını hatırla
Nar'a bak 'içimden yazıyorum bu şiiri' de
Nar'a bak çocukluğunu onun gözlerine sakla
Nar'a bak sevgilinin çocukluğu sanki orada
Nar'a bak birimiz de ikimiz de binimiz de onda
birim Nar biriciğim Nar binim Nar

Nar aya avucunun içiyle bakar
göğe ve yağmura avucunun içiyle inanır
yağmur yağar onun eline bir bulut damlar
bulutun içinden gökyüzü damlar
elleriyle gördüğü şeyler var
çoğu şeyi gözleriyle anlar

Nar Nar
İdil verdi bir tane
bende oldu bin tane
Nar'la kapat mesafeleri, uçaklara el salla
gemilerin ardından bir bardak su
döken elini de unutma Nar'ın
kendini o suyla uğurlayanı da
hiç unutma ama Nar'dan öncesini
Nar'dan sonra düşünmüştün dünyayı
dünyanın ne zaman olduğunu
sabah mı yaratmıştı Tanrı
günaydın demek için
yoksa bir Cumartesi ikindisi miydi
Nar da bir Cumartesi kızı olarak geldi
kabileye bir armağan gibi
Nar'a saklanmışız gibi hepimiz
birer birer çıkmıştık kendimize
boşluğumuz Nar kadar büyükmüş meğer!

Nar'ı şiirden eski bilirim aşktan da belki
benden çok başkasının şiiriymiş gibi
o yüzden gönenirim
fakat bilemem de nereden başlayacağımı
övmeye, hangi'birinden
içi bin olan Nar'ın tanelerinden
öyleyse gölgesinden övmeye başlarım Nar'ı
gölgesine övgüyle yazısından şiirinden
ve her şeyden önce
elim yazıya her düştüğünde
indiğinde yani harflerin bahçesine

yaprak hırsızı olup yine kelimeler çaldığımda
demek de isterim ve o ağaçlardan bana
ne harf ne kelime ne şiir ne yazı ne yaprak
yalnızca bir kırmızılık gelsin isterim
kırmızı iyilikler isterim
artık hayatta, şiirde, evde, dünyada
narla inciri de övmek isterim istemesine de
önce onu, Nar'ı, o hepimizin yerine ve önceden övmüş
'Nar Bilge'sini övmektir dileğim: O Nar'ı över, ben onu
ve 'Nar Kardeş'im Hrant'ı överim önce,
bilgeler arasında hatırlı bir yeri olan
o 'Nar Bilge'sinin *Nar'la İncire Gazel*'ine düştükten beri,
yani ruhum bir kabile kızı olan Nar'a gittiğinde çok önceleri,
dedim ya, elim yazı yerine Nar'a, Nar yerine gölgesine
uzandığında Nar'ın da incirin de limonun ve zeytinin de
kutsallığını artıran, dirimini çoğaltan şu cümleleri
anmadan geçer miyim, geçsem başlayabilir miyim Nar'a ve aşka:
"Nar kentinde bir incir buldum. Nar'ı da inciri de, övmek isterim. Anam her kışın en karanlık noktasında, eve girerken bir nar atardı yere, bütün gücüyle; parçalanıp iyice dağılsın diye. Evin beti bereketi niyetine... Ardından hızla süpürüp silerdi ortalığı. Bir iki gün sonra, narın patladığı yerden çok uzakta incecik bir çıtırtı duyduğum olurdu ayağımın altında. Ne kadar dağılmışsa nar taneleri, o kadar iyiydi. Topladıktan sonra söylerdim anneme, sevinsin diye."(*)
Bilge beyin övgüsü Nar'ı bile sevincinden kıpkırmızı ederse
içi içine sığmaz bir Nar'a benzetirse
hem içini içine kim sığdırabilir Nar'dan başka
bize de gölgesini övmek düşer içi içinde olanın
içi içiçe olanın, çünkü onun gölgesi de içi sayılır,

Nar'ın gölgesi de içindedir o da Nar'ın tanesidir
içinde sayılır ve gölgesizler, gölgesi dışarda olanlar
ona toplanır, toplanırız, yani hepimiz:
Çokluğu bir olan, birliği çoğa sayan kabilemiz
bazen gidesimiz olur, göresimiz gelir, bazen de sevesimiz tutar
bazen de ne gidebiliriz, ne görebilir ne dönebiliriz
hevesimiz değilse de sevesimiz yarım kalır
'kalsın' deme 'olsun' de ki hani gün olur insan Nar'ına kavuşur
hem de uzaklık, ayrılıktan yeğdir
ayrılıktansa uzak düşmeye yakın olalım ki bilsin Nar dahi
uzakta gölgesi, gölgesinde komşuları olduğunu
ve kabile kızı sevinsin gölgesinden doğru
sevincinden de kızarsın Nar gibi, adı gibi
ben de Nar'ın komşusuyum demek gibi bir şey bu:
"Bir güzelin âşığıyım erenler
onun için taşa tutar el beni" demesinler
"Nar'a tutar el beni" demek varken,
onun için Nar'a tutar aşk beni

Ben onun gölgesinin komşusuyum
içinin de, sesinin de, gülüşünün de
komşusu olunca Nar kabilesinden sayılırım belki
insan bazen bir insana Nar olmak ister
insan bazen bir sesin gölgesi olmak ister
bazen de bir sesin babası olur insan, Leonard Cohen gibi,
eğilip dediydim İdil'e, Cohen söylerken yıldızların altında,
ayın o tülün altından çıkıp bezmimize geldiği şarkılı gecede,
Lorca'nın babası Cohen, Nar'ın babası Haydar
ey Cohen buradan Granada'ya kadar yolumuz var
kolumuzda bizim kızlar, yani Lorca ile Nar,

limondan, Nar'dan, Lorca'dan aramızda bir akrabalık
o bir sesin babası, bazı kadınlar ve bazı adamlar
onun sesinden doğmuşlar sanki, Tom Waits,
                        Marianne Faithful hatta
öyle bir sesin gölgesi de olur insan kızı da, bazen herkes duysun
bazen de başkası duymasın biz varken diye kimse bizden başka
bir suyun gölgesi de olmak ister insan akışlı nehirler boyunca
kendisiyle gitmek, kendisi kadar uzağa gitmek, kendisinin
                                          uzağına
gitmek gitmek gitmek ister kendisine rağmen diye bir yer yok mu
şu hayatta insan bir kez olsun oraya da gitmeli geçmeli
                                          kendinden
...
'Rüyadan geliyorum' dedi Nar, 'dünyadan değil!'*

* *Narla İncire Gazel*'den, Bilge Karasu

(sürüyor)

Şairin 'budala'sı

Bugün yeni bir şair olmak için
her şey tamam, bugün, bir budala bile
iyi bir şiir çıkarabilir bundan
ben ki elli şu kadar yılın budalasından
başka bir şey olmayan korkak, ne yapsam,
yeni bir katkıda bulunuyorum ayrılığa... Hem
ne yapabilirdim, dağıtamazdım gecedeki sisi,
bir dağ gibi üstüme öylece çöken sisi...
Şehrin gözkapaklarını o örttü
karanlığı, dumanı, yarı maviliği, tülü
ve gösterdi kendisini bir başka sise,
kalp uzaktadır, göz dalgın, gövde uyanır,
bir kadın takma kirpiklerine kadar
her şeyini gözden çıkarır,
önce kalbini soyunur sonra gözlerini
gerisi zaten çıplak şeylerdir ve ilginç değildir,
oysa kalp esrarlıdır ve gözler şarttır,
bazı kitapların başındaki önsöz gibi,
geri kalan açıktır,
obur gövde acıkır...

Bir kitap daha kapanıyor üstüme
kapanan her kitap açılan bir yaradır
eski kitap yenisine açılır
harfler birbirine karışır ve kelimeler
üst üste, cümleler sökülmez olur,
burada artık bir sessizlik olan yazı
orada yeni bir sayfanın başına yazılır:

Yüzüme kapanan kitapta sökemediğim
yazı bugün yeni bir şair buldu bende
şairlerin en budalasını hem de!
Sis bir daha dağılmayacak bir şüphe gibi
çöktü şiire, kim dağıtabilir ki hem
hangi söz, hangi bakış, herkesin keyfi
yerinde, herkeste yeni bir şiir hazırlığı,
sisli bir alışkanlık ve artık kimsenin
sis gibi şüphe duymadığı ayrılık
gelip yetişti bile!

Aşkın komşusudur ayrılık
un, şeker, helva, soğan, tuz, biber
ayrılığa ne yakın duruyormuşuz meğer
çağırır çağırmaz geldi komşudan
ve tuttu elimizden ilk defa bir şey sımsıkı
aşk daha bırakır bırakmaz elimizi,
aşk bile bu kadar sıkı tutmamıştı elimizi,
ne güçlü elleri varmış meğer ayrılığın
biçimli, kararlı, bakımlı ve parmakları uzun
sanki piyanoda ayrılık soloları çalacakmış gibi bize!

Ayrılık bir kez tutmaya görsün elinden
yeni bir şair olmaktan başka ne gelir elden?

Rubailer

1
Bu dünyaya seni bulmaya geldim fakat
alıp gidemiyorum kendimi bulduğum senden
sen mi başkasın yoksa dünya mı
başka bir yer benim evvelce düşündüğümden

2
Anılarım mı benden uzağa gittiler bir bir
ben mi düştüm onlardan uzağa böyle
bizi artık birbirimize kim toplayabilir
zaman değil, yaşayanlar değil, belki ölülerimizdir

3
Bu serçeler içtikleri su kadar küçük
öttükleri şarkı kadar şırıl şırıl
gittikleri yol kadar mavi nasıl böyle
oluyorlar bir de kondukları dal kadar ince

4
Siz bugün öldünüz ve geçmişe gömüldünüz
bugün hiç vaktim yok size yarın ağlayacağım
bugün takvimim dolu gözlerim boş
yarın gözlerim dolacak ve size ayıracağım

5
Aynı evden kaçmış iki çocuk gibiydik
sokağa çıkar çıkmaz kaçtık birbirimizden
birbirimizi bu kadar erken terk eder miydik
koparılmış iki çocuk olsaydık aynı düşten?

Uykusu gelen şeyler üstüne...

"Kızlar dindi memeleri sütliman"

Yirmiler güneşliydi de otuzlar nasıldı unuttum
hayli kırmızıydı yirmiler bunu unutmam
ateşliydi, alevliydi, terliydi bir de gözüpek,
gözükara, gözükızıl ve kendi içinden geçecek kadar,
geçti yirmiler uzun sürdü yirmi yıl kadar daha sözgelimi
bundandır otuzlar deyince aklıma uzunyirmilerin gelmesi

Oysa başkalarının unuttuğunu senin toplamanı beklerdim
ve böylece herkesin yerine senin hatırlamanı, o sendin evet
Türkiye'nin hatıra defteriydin ya da buna benzer bir şeydin
öyle sanırdım o hiç unutmaz oh iç unutmaz ohiçu nutmaz
o yüzden bunu senden beklerdim, sen o yüzdendin işte
ben de o yüzdendim sana, hepimiz o yüzdendik birbirimize
birbirimizin kırkı bir biri de Türkiye'ydi
fakir kuşlardan seyrek adalara ve paçalı güvercinlerden daha...
*(Ben galiba şiir yazmaktan sıkılıyorum artık yazarken de
katlanamıyorum şiir yazan kendime, şiirlerin gitgide uzaması da
bundan, kelimelerden de çok sıkıldım, onlarla bir şeyler kurmak
zorunda olmaktan da...)*

Herkesin şiirinde bir Türkiye'dir gidiyor, al benden de bir
                                              Türkiye,
beyaz Türkiye, siyah Türkiye, yeşil Türkiye, Kızılbaşlar var bir de
onlarınki iç Türkiye, şiir Türkiye denen bir sokağa mı çıkmış ne,
ben daha evden çıkamadım, şiirin içinden hiç, uzatmadım da
                                                başımı
pencereden dışarı, aman, ya Türkiye görürse!

Ben daha yirmiler, otuzlar, kırklara var, ohooooo, Türkiye'ye
gelesiye...
Benim Türkiye deyince hiçbiriniz, hiççoğunuz, hiçşiiriniz
gelmiyor aklıma,
boşuna sallıyorsunuz öyle şiirlerinizi, dizelerinizi bayrak gibi
oturun yerinize, Türkiye sen de otur yerine, benim Türkiye
deyince yalnızca Cemal Süreya geliyor aklıma ve gitmiyor
hak'katen benim Türkiyem Cemal Süreya'dır, herkes külleri
karıştırıyor
biraz da yağmuru karıştıralım hadi, belki yağmurdur
tesellisi şairin
külünün, hatırladım yangınlardı otuzlar, külünün
üzerinde oturuyoruz hâlâ
şöyle uzunyirmiler kadar uzuuuuuun utançlar yağsa!

Otuzlar! Bu durup durup *"eski denizleri karıştırması"*na
benzer bir şeydi
Tanrının, bunu unutur muyum, unuturum, kızları da
unuturum
memelerini de, şairler mi, geç, onları çoktan unuttum,
kızların sütü kalmaz,
kızlar şairlerden önce yaşlanır, kızlara yazılan dizeler kalır belki,
biz bazı şairleri şiir diye severiz, şiir diye unutmayız,
şiiri trajik olmayabilir çocukluğu kadar, çocukluğundan
doğru severiz,
çocukluk gibi belki şiirinin de uykusu gelmiştir deriz
gözümüzün içine bakan şiiri, *"o hiç kimsenin gözkapaklarının
altında/uykusu olmamanın sevinci"*yle severiz, uykusu geldiyse
rüyası da gelmiştir diye bir de sevmek ister ve severiz,
Cemal Süreya'yı da bir şehir olarak değil bir semt gibi sevdim

Eskişehir gibi, ki benim de en eski semtimdir, çocukluğumdur,
çocukşehrimdir, Odunpazarı gibi, Yoğurtçu Parkı, Kadıköy, Eyüp,
Emirgân, Kuzguncuk, eskiden Cebeci gibi, çünkü ben galiba
en çok gözlerinden doğru seviyorum her şeyi, sevmeyi de
                                             gözlerinden
doğru seviyorum su içmeyi de, hatta seni seviyorum demeyi bile
gözlerinden doğru ve lirik şehirleri de, ki onlar dişi semtler
                                                             sayılır,
şiiri bile gözlerinden doğru, yani en çok uykusu gelen şeyleri
                                                 seviyorum,
şehir üç kere yaşa yaşa yaşasın ama semtin gözleri dalsın
                                                          kapansın
kızların memeleri, ki dalgın olsun, bakışlarından doğru dalgın
dolsun dalsın taşsın açılsın ve kapansın sabaha kadar uykuda
                                                               kalsın
gözkapakları gibi biraz onlar da aralık kalsın
harfler de kapansın en çok onların gözleri dalar gider uzaklara
küçük büyük siyah beyaz yatay eğik dik ince uzun kalın kısa
ama suçlamasın da kâğıtlar onları uykusuzlukla, uyku süttür
uyku suna gölüdür, süt içinde ısınmaktır rüyaya, süte
                                                        kavuşmaktır,
sütten taşmaktır, göl de taşar sunadan, şiirin de sütüdür uyku,
şiiri sevme nedenim yalnızca bu artık, sık sık ve çooooooook
uykusu geliyor son zamanlarda, yarım kalmış bir çocukluğun
                                                              sütünü
yıllar sonra içiyor, içiyor ve içerken yine süte dalıyor gözleri,
şimdi bile ha kapandı ha kapanacak harfleri
hepsi öyle dalgın ki birbirinin gözünden...
Cemal Süreya'yı unutmam ama şiiri de kurcalayan bir şey var
acaba otuzların sonuna dair bir şey dememiş miydi o

dört kırlangıç hayatı gibi bir şey sözgelimi, biri göğün yüzünde
biri onun gölgesi, sanki kanadının tekini düşürmüş gibi
arıyor sularda bir hışmınan geçtiği gençuçumlu günleri
biri, kaç kırlangıç olsa şiirden başka hayatı yok, yazık
demeli buna, ucuz da olsa böyle söylemek, hayattan başka
                                              şiiri yoktu
demeli bir insana sonunda, insan sonudur: –şiir diye bilirdik!
Şiiri de zaten süt gibi gölgesi olan rüya diye bilirdik
gölgesi süte düşmüş bir uykunun ortası diye bilirdik...

Otuzlar dalgalı olmalı, imbat, yakamoz romantik kalır yanında
lodos, poyraz, karayelden başla, tufan, hortum, fırtınaya çık
kırkları biliyorum, yağmurluydu, hiç bitmeyecekmiş gibi
gelir insana upuzun bir yağmur gibi ölünce de onunla
yıkanacakmış gibi hep yanında insanın: ölümlü dünya
yağmurlu dünya, tam o anda, ikisinin arasında ben
yirmilerde değilse de otuzlarda payımı almışım kara güneşten
melankoli dediklerini de duydum buna, Süha Tuğtepe
                                         'malihülya'
derdi de tam Sühalık bir söz diye hayran hayran gülerdim
arkadaşlığın zerresi kaldıysa dünyaya çoğu ondandır,
yağmura karışmadan sözler nefesime yetişeyim diye
nefes nefese ve geç olmadan daha şimdi söylemem gerek
sonunda söyleyeceğim şeyleri...

Kızlar dindiğinde ve uykusu geldiğinde bazı şeylerin
denize bakan bir evde bekliyordum (bkz. "Kuzguncuk Oteli"
başlıklı eski şiirim, eski evim), bunu denizin üstünde diye
düzeltmem gerekiyor, hatta şiir yazdığıma göre denize
karşı da diyebilirim, bütün bunları ve daha...

Denizin rengi varmış, ben o zamanlar kalmakla gitmek
arasında, akmakla durmak arasında yaşıyor muydum,
hayır, hayattaydım yalnızca ve aradaydım, arasındaydım
                                                          her şeyin,
deniz kalıcılığı çağrıştırıyordu ve ben de o yüzden sanırım
evimi bir otel sanıyordum kendimi de
bir gün daha, bir gece daha isteyen bir mülteci
hep geçici değil miydik zaten denizin karşısında
biz geçiciyiz o akıcı
biz gidiciyiz o kalıcı

O zaman fazla mı yakındık denizle birbirimize
herkesin bildiğini ben bilmiyordum yine, deniz maviydi
kızlar da maviydi aslında, ve sanırım bu dizeden olmak üzere
memelerinin de mavi olduğunu yazmamı bekliyorsunuz ama,
ben o zaman bilmiyordum olmayan kızlara mavi denildiğini
bunun 'saudade' gibi bir şey demek olduğunu: yok mavi kız,
(bkz. "Le Poete Regarde", yani "Şair Seyrediyor" şiirim)
galiba sütün harfleri gibi uykunun da harfleri mavi,
o yüzden mi, gözkapaklarının eski zaman kuşları gibi ağır
ama tüyden hafif kanatlarıyla gamın üstüne inişi

Bizim ne uykumuz mavi ne harflerimiz
bizim payımıza yalnızca söz düşmüş gibi
deniz çekilir mavi gider bize harfleri kalır
gam çekilir çeker gider bize ahları kalır:
Dünya gamdır arkadaşlar
dünya büyük gamhane
dünya gözün baktığıdır
dünyaya dalmayan göz gama dalar
insanın gözleri dünyadan dolar

gözlerimiz için geldik (gelmedik mi) dünyaya
gözlerimiz araya araya dalmadı mı gam deryasına
benim de bir kibar çağım oldu ve hicran kuyusu
dedimse de ona şimdi dünya gam kuyusu

Gam kuyusu, iç kuyusu, uyku ılık bir kuyu
kuyu uyku gece gündüz gibi hem birbirinin içinde
hem birbirinden derin ikisi de, ve ne tuhaf,
dünya kendisi hakkında söylensin diye var sanki
yalnızca bunun için var gibi, şair de bunu fark edince
şiiri bırakan adam değil midir, benim gibilerse
şiire yeni başlayanın hevesiyle kapılır buluşunun büyüsüne,
ve böyle böyle yani yaza yaza demek istiyorum
yaza yaza kaybederler dünyanın şiirini
dünyada şiir varsa, dünyanın bir şiiri varsa
şairlerdir onun kaybına sebep de...

Gam kuyusu iç kuyusudur insanın
gamdan sonra ne düşer ki içimdeki kuyuya
içimdeki kuyu koyu koyu kuyu içim koyu
koyukarakuyukarauykukara...
Uyku gelmeden daha gözlerimden indim
gece gözlerimi bulamamıştı daha
ben de gündüzleri gecesinden uzun olanlardandım daha
yani uzungündüzlüydüm
yani içim çıplaktı daha
böyle selam verirdim birine
gündüzünüz gecenizden uzun olsun der gibi bir şeydi
o da tekrarlardı bunu: sizin de
oysa geceniz de demesini beklerdim onun

demezdi, hep öyle yapardık,
dünyayı böyle böyle tekrarlardık...

Denizin rengi varmış, o zamanlar *Kirli Ağustos* gibi
bir yaşamanın ortasındaydım, bir denizin kıyısındaydım,
bir cehennem kuyusundaydım, derinde değil diptaydim,
gittikçe gri ve bazen Ağustosun ta kendisi olurdu sonsuzluk,
beyaz olmayan bir kokusu vardı, duyardım, kirli koku,
sonsuzluk mavi kokardı, görmesem de anlardım,

Otuzların sonuydu, dalgalıydı, ben de hayli dalmıştım,
her şeyden açılmıştım, kıyıdan da denizden de maviden de
dünyadan da içimden de şiirden de her şey dursun istiyordum
deniz dursun istiyordum mavi bir toprak gibi
dümdüz olsun istiyordum dalgalar da ütülenmiş gibi
kırışıksız, yıllarca durabilirdi ve ben uyuyabilirdim
sanki içimde bir iskele var da ona bağlı bir denizin
mavi uykusunda ve sonunda yitirinceye dek
sonsuzluğun rengini de kokusunu da...

Otel sandığım bir eve bağlamıştım kendimi
o zaman ne denizin ne kızların mavi olduğunu...
Sonsuzluk gibi yani olmayanın rengi
renkten çok kokuymuş gibi gelir bana mavi
sonsuzluk da zaman gibi
harfleri de maviymiş uykunun kokusu da
öğrendim, dünya bir gam hanesi
uyku bir yağmur alfabesi
yağmur bir uyku kuyusu

Dünya onun için var densin diye var
heves niye var
dünyaya kapılanlar için var
heves dünyanın davetini kabul etmektir

Uykusu gelen şeyler üstüne bu şiiri yazarken
birden fark ettim aslında hiç bitmeyen şiirler yazmak istediğimi
elyazımla, kedim Kiraz, kâğıdın üstünde uyurken
şiirin üstünde, harflerin üstünde uyur ev ve onun kedisi
kâğıdın uykusu, harflerin uykusu, Kiraz'ın uykusu
sanki boşluğun da uykusu gelmiş gibi bir anı bu,
ben yazmadan da biliyordum bunu, kedim yokken de,
uykunun kâğıda gölgesi düşmemişken
uykulu harflerin şiire gölgesi düşmemişken
harfleri üstüne mi atarız içine mi kâğıdın bilmiyorum
yazıp unutup tekrar yazarak bulduğum yerden yaza yaza
hep bir müsvedde olarak kalsa şiirler bana
sonra müsveddeden başka bir şey yazmasam
tıpkı bu şiiri yazdığım gibi
üstünde oynamasam, bir daha çalışmasam
aslı da bu olsa temizi de öyle çekip göndersem
içimden, çekip niyetimden temiz kalpli bir kâğıt olarak onu...

Rafine olmasa, estetik müdahale, plastik endişe,
bir hammadde olarak, işlenmemiş, kaba haliyle
saf şiir, şişman şiir, uzun şiir, gevşek şiir, sıkıcı şiir, bol şiir,
dar şiir, sarkmış şiir, zayıf şiir, eski şiir, geçkin şiir, yaşlı şiir,
arkaik şiir, vakitsiz şiir, hatta uykusu gelmiş şiir olsa...
Şiirin de uykusu gelir öyle ya!

İşte ben de söylüyorum sonunda, *"poeta pirata est"*,
şair korsandır, hatta hırsız bile diyebiliriz şaire,
çünkü mülkiyete düşmandır ikisi de
ve şairin yeri ikisinin arasında bir yer olmalıdır
sözcükleri de şiiri de ödünç almalıdır
dünya şiirin de bahçesidir, *"eski çocukluğun gereği"*
bahçeye dalmalıdır

...

Birinin uykusu dünyaya kaçtı anlaşılan ve sanıyor ki
gözlerini dünyada unutan kurtulur bu gam kuyusundan
ve eğlenip durur böyle bir zaman...
*(Şiir yazmayı seviyorum aslında, böyle bin sebebi var
hiç mi hiç bilmiyor insan ne yazacağını başlarken
gezginlik, şahane serserilik, kalbim benim, gitmek
filan da diyorlar ya alıp başını, tastamam şiir de
böyle bir şey gibi ve aslında kelimeler de bunun için var
yolculuk için yani, yokluk için, yok olmak için,
yolda kullanmak için var, yemek, içmek, barınmak,
yatmak, kalkmak, barınmak ve birtakım insani,
fiziki, maddi, manevi, hissi, cinsi, dünyevi, ilahi,
hayvani, nebati, tabii ve elbette beşeri,
ihtiyaçları ve zaruretleri karşılamak için, yani
'şair ve söz arkadaşları' kumpanyası bir nevi,
demek ki benim de halimce söylediğim şu,
'şiir hiçbir işe yaramaz, faydasız ve beyhudedir' deyişim de
bu şiirle birlikte sona eriyor ve bir yoldaşlık biçimi
olarak şiir bir kez daha ışıyor devrim sahnesinde!)*
Devrim diyorum şair vodvil değil, çok istersen
mesel, fars, hikmet ya da ironi sayılabilir

ey devrim (ey şiir diye de okunabilir)
geldiysen üç kere vur, evde yoksak not bırak,
ya da sonra gel, ama mutlaka bekle bizi,
bir kaç gün bizde kal, İstanbul güzeldir,
acelen ne, gideceğin yerde biraz daha beklesinler seni
hem beklemek kadar beklenmek de güzeldir,
galiba şiir yolculuk, yolculuk devrim
ve ikisinin de uykusu gelmiştir, sanırım
biz şiiri çok sevmiştik diye bitecek bu şiir,
şuraya bir yere bir dize saklamıştım, şiirin sonu
iyi gelsin diye, hem şiir de uykusu geldiğinde
bitmiş sayılır bence, işte o sona sakladığım dize:
–ölüm nedir ki hayatın uykusunun gelmesinden başka?

"kızlar dündü, memeleri taşliman"

Amor Fati

İki günüm değil yalnızca birbirine benzeyen
olsaydı iki ömrüm de birbirine benzerdi benim
benzemese de ne gam nasılsa ben benzetirdim
iki kişi de olsaydım benzerdim ötekine, çünkü bilemezdim
ötekiyle ne yapacağımı, sözgelimi olsaydı iki kalbim
biri bile fazla geliyor ya bazen, Tanrı eksikliğini göstermesin,
birbirlerine benzemek olurdu onların da kaderi, sanki birbirinin
kaderi olmak için bende dururdu onlar da, bilmem ki
iyi mi olurdu, iyi olurdu diyelim, nasıl da ikimserim,
amor fati, amor fati, kaderini sev, kaderini sev gibi
kaderim ol, kaderim ol derdim iki kalbime de ikisi de
bir olup kader diye beni bir köşede unutmadan önce!

'Onsra'

Dünyada altıbinden
(rakamla 6000)
fazla dil konuşuluyor
–bir o kadar da
dil susuluyor
demektir bu–
çok diyorsanız bu kadar dil
susulan değil konuşulan
hatta ne işe yarar diyorsanız
hatta mevcut diller bile
diyorsanız ne işe yarıyor
konuş konuş sonu yok, sonuç yok
insan konuşarak anlaşamıyor,
hatta susarak anlaşabiliriz belki
diye bir ümidiniz bile varsa, olabilir,
hatta bu konuşmayı daha da
sürdürüp, ilerletip
sessizlik neyimize yetmez diyorsanız
yetmesine yeter de hepimize
bilmiyorum sessizliğin kaç dili var
bilmiyorum fakat gün gelir
sessizliğin de gevezeliği tutar

"Mati'ke": Avustralyalı bir yerli dili
ve yalnızca bir kişi onu konuşan
yani kendi kendine konuşuyor
yani kendi kendine susuyor
Fener Lisesi'nde, Kırmızı lise hani,

koca sınıftaki tek Rum öğrenci gibi
ister konuş ister sus
dil senin, alfabe senin, yalnızlık
kimin peki: Bir lisan bir insan!
Belki de bir dil bir ağaç,
bir harf bir rüzgâr
bir kelime bir hayvan
kim bilir belki de o adam
belki geçmişle, gökyüzüyle
ağaçlarla, rüzgârla da konuşuyordur
insan bazen insanlara öğretemediği şeyi
bana kalırsa hemen her şeyi
ağaca, kuşa, hayvana öğretebilir
öğretmek ister çünkü onlar çocuktur
çocuk öğrenir, insan öğretir!

İngilizceyi iki milyar kişi konuşuyormuş!
Sizce de biraz fazla değil mi
bu yüzden konuşmayanları destekliyorum
Amerika'daki Latinalıları sözgelimi
ben Latina diyorum artık güneye
onların İspanyolca inadını seviyorum
Amerika'nın, İspanyolcanın bir eyaleti
olacağı günleri hasretle bekliyorum!

İngilizceyi iki milyar kişi konuşuyor da
n'oluyor dildeki yalnızlık mı azalıyor
yalnızlık hallerini anlatmaya İngilizcede
kelime yetmiyor öyle çok öyle çok
oysa Farsça aşkın dili, ondandır

konuşurken de dinlerken de şiir gibi geliyor
Eskimo dillerinde sanırım kar küsmesin diye,
kardan bol ne var, kelime varmış...
Bu kadar kelimeye gerek var mı bilmiyorum
çok fazla kelime olduğuna inanıyorum
dünyada çok kelime var
diller kelime mezarlığı gibi
belki de o yüzden konuşamıyoruz birbirimizle
belki de o yüzden anlam kayboldu dünyada
belki de o yüzden Seyhan'ın dediği gibi:
"Net olmak lazım"
az ve net, az ama net, az çünkü net
olmak lazım, 'Onsra' lazım!

Güneydoğu Asya'daki Boro dili net
çok az kelime ile her şey çok net
aşk net ilişkiler net insanlar net
çünkü kelimeler net: 'Onsra'
diyorsun bir günah gibi değil
bir yemin gibi, 'Onsra',
bir daha âşık olmamak üzere
âşık olmak anlamına geliyor,
ya 'Onsay', o da tek ve net,
âşıkmış gibi davranmak demek
öyleyse sorun yok demek!

Ben bunlara 'ruh dili' demek istiyorum
işte diyorum da hem ruh gibi çeşitli
hem de yine ruh gibi çıplak ve yalın
bir anlamda da Türkçe bir şarkının
"ömrüm seni sevmekle nihayet bulacaktır"
net bir çevirisi demek
ben de öyle diyorum Seyhan
"Net olmak lazım"
net!

(Bu şiiri, Gündüz Vassaf'ın 4 Nisan 2004 tarihli Radikal'de yazdığı "Ömrüm seni sevmekle..." başlıklı yazısından derledim, topladım. Belirtir, teşekkür ederim.)

Bahçe bağışlar...

*Keşke bu şiiri
Sina Akyol yazsaydı!*

Bugün benden dışarı baktı.

Bugün bahçemize bakmadı,
sevmedi, korumadı.

Bugünün bahçesi tarumar.

Ben onun bahçesine düşmüştüm oysa,
şımarmıştım, sevmiştim...
Kendi bahçemi kapatacak kadar!

Bir adamotu olmak istemiştim
sadece orada.

Dağlara çöken akşamın
gölgesi uzadı: Taşduvar,
kapıduvar, bahçeduvar.
Yüzüne çöken akşamın da
bunda ıssızlığı var.

Sevmek, yatıştırıcıdır.
Bahçeyi sev, içini barıştır.

Hepimizin üstünde
büyüdüğümüz bahçelerin
ot hakkı, çimen hakkı,
ağaç hakkı, oyun hakkı,
ikindi hakkı vardır.

Gölgenin hakkı
bahçe kadardır.

Hadi hemen
bahçeye dal,
oyuna dal,
uykuya dal.

Ağaç bile
yaprağını döken
dalını bağışlar.

Gölge bahçesini
çocukluğuna bağışlar.

Sen de çocuğusun onun
bahçe bağışlar.

Benden akşam olmaz!

Benden akşam olmaz, yalnızlık hiç olmaz
bana güvenme, benim uçurumuma atlanmaz
ne derindir çünkü ne de imgeli, bir tek dize
olsun yetişmez orda, düşlerinin kırıldığıyla kalırsın
tuzlabuz ve uyanman da fazla uzun sürmez bundan
merak etme daha ağır bir şey de geçmez başından!
Dedim ya bende hafif geçer zamanlar, *günlerinköpüğü,*
gibi bir şey, ağlarsam o da gözüme sabun kaçtığından!
Benim trenim de ahşaptır, ha onunla yola çıkmışsın
ha evin de seninle yolculuk ediyor sanki, her zaman
müşteri değil bazen de satıcı haklıdır, çünkü trenin
canı çabuk sıkılır tıpkı evin de sıkıldığı gibi benden
uzun süren bir işsizlik gibi ses gelmez hiçbir yerden,
hani biraz daha otursam ahşap tren çatlar sıkıntısından!
Benim gecem de kısadır bu yüzden rüyalarım yorumsuz
gündüzleri hiç saymayalım istersen, kaşla göz arasında,
başladığı gibi, hatta başlamadan geçer günlerim benden,
biraz uzattım, aslında bir iki dizeyle ben sana kısaca:
"Sen benim garipsi garipsi yavrum
nasıl da akşam oldu farkına varmadan"
demek isterdim ama, ne benim adım Attila İlhan
ne de burası akşam, ve bu biraz da, bilirim
'nasıl da şiir oldu farkına varmadan' demeye gelir,
ama demem, o dizeden buraya gelmem, getirmem
ben biraz haydar biraz ergülen şiiri de severim
akşamı da sizi de, fakat hayli bilirim kendimi de,
ben değilim aşk şiirlerinin unutulmaz şairi
dedim ya o Attila İlhan, iyi ki geldiniz işte
gelişinizle biraz şiir oldu biraz akşam
alıp getirsem mi ilk sevgiliyi ben de Beşiktaş'tan?

İzmir radyosu konuşması

1.
Dün radyodan bir yağmur söylediler,
İstanbul Radyosundan değil, Ankara sen çıkma aradan,
hep kal Ankara kal sisli kal, fakat bu yağmur
İzmir Radyosundan. Geçenlerde bulut olmuştum,
şimdi yağmur olma sıram gelmiş, olurum
dedim, madem bulutluğumu bilmişler, bana
gökyüzü kadar bir yer göstermişler, hem
oldum, hem de usul usul yağmur olsam
yeridir, dedim, oldum, uslandım.

Şiire faydam yok, bari ağaçlara... olurum, olur,
hem bende yazılı, sözlü, yaşlı gözlü,
gözü yolda, gönlü bulutta yağmur da çoktur,
eski gözyaşları bile bulunur:
Hepimizin çekmecesi var, gözyaşı çekmecesi,
acı çekmecesi, simli, keder çekmecesi, işli,
çocukluk çekmecesi, gözlüklü, çocukluğumdan mı
desem ilkgençliğimden mi? Galiba en çok
iki şeyi biriktirdim: Biri sessizlik, diğeri ses
ya da şöyle, biri iç yağmur, öteki yağmur
gençliğin sonuna doğru ikisini de harvur
dum savurdum, kendi sustuklarım da
içinde her söze kandım ve her yağmuru
üstüme alındım, bana yağıyor benim için
yağıyor sandım.

Söz uğruna şiir, şemsiye uğruna çok yağmur
yitirmişliğim vardır, bunu, bir daha aklımdan hiç
çıkmayacak kadar unuttum. Söz yağmurunda da
ıslandım güz yağmurunda da. Böylece
bazı günlerim gibi bazı sözlerim de üşüdü,
ıslandı ve kalbe soğukluk verdi...

Yağmurdan roman çıkmaz, ustasının eline
düşerse her yağmurun bir hikâyesi olur.
Yağmur dediğin şiire ve filme yağar.
Yağmurdan çok şiir çıkar, şiirden yağan
yağmursa unutulmaz. Yağmur ile şiir:
Sanki ikisi de aynı göğün mavisidir,
gönlü mavi bir anneden olma iki kardeş,
ve bence biri de mutlaka, hangisi olur mu,
elbette şiir kızkardeş.

Yağmur, siyah-beyaz filmlere yağıyorsa
renklidir. Yağmur mu film mi orasını
artık körkütük izleyen bilir.
Ortasında değil ama bir filmin
başında ve sonunda yağmur gereklidir,
(az kaldı söyleyip susmayı unutuyordum:
yağmur şiirde boşluk olarak durur)
yağmurlu filmlerde ne söz gerekir ne müzik
yağmurun yağdığı bazen ses olur bazen sessizlik
yağmurun ruha değdiğinde çıkardığı ses
yağmurun sözcüklerini ararken kaybolduğu şiir
"velhasıl her şey yerli yerinde" dediği gibi şairin
yağmur yerli yerinde yağar eski filmde...

2.
Şimdi çocukluğun çatısı kalktı ya üstümüzden
yağmurun da eski tadı yok bu yüzden
yağmur yağmıyor ki artık sudur yağan
kırmızı kiremitlerin serinlemeyişi bundan
artık çorbası hazır çocuklar hastalansa n'olur
okula gitmemek için eskisi gibi yalancıktan
yağmur kiremitlere düşer, camlara vurur
sesi içimize yağar, kalbimize düşer
belki de suyun gezgin halidir yağmur
dünyagörmüş, deryageçmiş, denizgezmiştir
yağmur biraz da eski arkadaşların yağmasıdır
eski şehirler, eski anılar, eski sevgililer yağar
her zaman altında durana ya da ondan kaçana değil
onu dinleyene, duyana da yağar, ona bakakalana da.

Çocuklar büyüdü, yağmurlar değişti, eski
geveze yağmurların yerine ki onlar yağmaz da
mırıldanırdı sanki, ince geveze derlerdi sanırım,
ikindinin gevezeliği gibi sessiz, kekeme ve
bir buluşma olarak kendisini bekleyenlerle
mırıl mırıl hişt hişt usul usul içli içli
yine yağsa yağmur konuşur gibi bizimle
derdalır gibi bizden, yaraörter gibi içimizden
söziyleştirir gibi, hatta sessizliği de onarır gibi
gibi olsa yağmur her şey yağmur gibi yağsa
çocukluk yağsa, mavilik yağsa, kardeşlik yağsa
kimin yağdığı belli olmasa karışsak birbirimize
sırılsıklam olsak birbirimizden hangimiz yağmur

hangimiz çocuk hangimiz mavi hangimiz şair
belli olmasa da bir şiir çıksa hepimizden
şimdi ne iyi gelir ne iyi gelir ne iyi gelir!

İstanbul radyosu konuşması

1.
Haziran'ı severim Haziran'dan ötürü
Haziran'ı hem eskisinden doğru severim
hem de yenisine doğru.
Adından doğru sevdiğim şeylerin de,
başında değil, hayır, ortasında gelir.
Şiirin de 'üç aylar'ı vardır aşkın da
Nisan... Haziran... Eylül...
Benim üç aylarım böyledir.

Edip Cansever okurum daha çok severim
hem Haziran'ı, hem Edip'i, hem sevgilimi
sevgilim ki hep Haziran'ın on yedisi gibidir.
Ey Edip derim, demem
cümlemden değil
ey'imden değil
sesimden utanırım önce: Edip Bey derim
ya da Bay Edip, Haziran'a su veren şair
seninle anlaşılır derim, Haziran'ın eskimezliği
eski Haziranlar yerinde duruyorsa sendendir
sendendir Haziran ve Turgut Uyar'dan dirim
"Haziran'dan Eylül'e bir gecede giderim"
hem gidilmeli de eski Haziran'lara elbette
bazı şeyler yerinde nasıl duruyor diye...

2.
Yıldan yıla avunmalık bir Haziran
bazen üşür, bazen yanar elimde
eski bir Haziran da olsa yenisi tutar
yeni bir Haziran'ın da öncesi kalır
Haziran içinde Haziran gibisi yoktur
Nisan, Haziran'a yağmur konuğudur
yağmur mu acemidir Haziran mı yenidir
bazı aylar da birbirlerine günler gibi çocuktur
gönlünü serinletmek için yeni Haziran
tutar birdenbire uzun bir yağmur olur

Bazen yenisine yaşlılık edesim gelir
eskisinde dur, eski dur şuramızda
yağmurla yağmur, aşkla aşk, çocukla çocuk
olduğunu unutma, unutma bir zamanlar
Haziran olan yine Haziran olur
Haziran'ın eski, yeni gereği budur.

3.
Haziran bir klişe, iyiliğin klişesi
olsun klişesi bile olsa iyiliğin iyidir
iyilik iyidir, Haziran iyidir
siz bunu bilmeyin, bilmezden gelin
Haziran size bu iyiliği yapacak
kadar iyidir, çünkü iyidir...

... Diye diye böyle Haziran şehrine vardım
baktım, akşam olmuyor, olmak bilmiyor
kimse akşamı bilmiyor belki de ben
unuttum, söylemişlerdi: Haziran şehri vardır
sen gidersin o durur sen gelirsin o kalır
kavuşmak ilminde gözle, şiir ilminde sözle
iyiliğin ortayeri Haziran'dır:

Bu şehre herkes varası değil
varıp da kıymetin bilesi değil
ben bu şehre yıllar evvel vardımdı
Haziran olduğunu geç anladımdı

Haziran'ın şehri insan şehridir
orada iyilik ne cümledir ne şiir
bazı bazı mektuplar yerine varmıyorsa hiç
dönüp geri gelmiyorsa Haziran'da
kalmak istediğindendir, çok yanlış
mektubum gitti Haziran'a vardı
kalem gibi bir oğlandan
pul gibi bir kıza ince şiir diyedir:

Mektubu aç, içinden iyiliği al
iyiliği aç içinden Haziran'ı al
Haziran'ı aç içinden aşkı al...

Ankara radyosu konuşması

1.
Hadi Kars'a gidelim, ıssız kalalım,
hadi Kars'a kalalım, ıssız dönelim,
yolcuya da sayılmayız gezgine de,
alıp Kars'a aklımızı başımızdan, gidelim.
Birden gidelim, bir gidelim, ıssızlığa
çıkacağız diyelim bu kar avlusundan,
ve herkes yalnız çıksın kendinden,
yokluğa kadar nasıl gideriz yoksa, diyelim!
Yokluğa kadar bir şeye sığmayalım,
kendimize de sığmayalım, sığınmayalım,
düşelim içimize kurduğumuz kaleden,
Kars da bize avlu olsun, kalesinden indirelim!

2.
Hadi Kars'a gidelim, susalım.
Kayıp kelimeler bulalım, şiirden saklayalım.
Kendimizden bile... demeyelim hiç,
elbette önce kendimizden saklayalım.
Kendimizi hep başkalarına biriktiririz çünkü,
ne çok biriktiririz, başkası olmak için değil de,
başkasında da kendimiz olmak için sanki,
hiç Kars'a gitmiyoruz ya ondandır belki,
ve kendimize söylediğimiz ne varsa
biriktiririz söylemek için başkalarına,
çok kelime biriktiririz sözgelimi
sonra başkalarının üstüne atarız onları
bir suç gibi, tıpkı attığımız gibi bazen

kendimizi de bir suç gibi...
Kelimelerin suçu yok oysa,
dil bir hapisane ve gün sayıyor
kelimeler hücrelerinden çıkmak üzere,
dizelerden, uyaklardan ve ölçüsüz
bir şiddet için tünel kazmak istiyorlar şiire,
şiirden avluya çıkalım biz de
kimsenin kimseye söyleyemeyeceği
kelimelerden bir sır tutalım kendimize
ve önce kendimize söylemeyelim
sonra birbirimize. İşte böyle
sessizlikten sır tutalım,
sessizliğin bayrağı olmaz, avlunun da yok,
nerde bayrak yoksa orayı
yurt tutalım o sırrı tutalım
ve hiç ağlamadan bir türkü diyelim:
"Bizim Kars'ta kimimiz var kimseden!
Yüzün dökmüş daha bize küsmeden!"

3.
Hadi Kars'a gidelim, duralım.
Ne tren arayalım ne yol soralım,
varmış gibi tren, yolcusuymuşuz
gibi biz de o uzun yorgunluğun,
pencerelerinden bakıp bakıp
gözlerimizi sonsuzlukta unutalım.
Ne geceye düşelim, ne dönüşü düşünelim
yedeğimizde hikâyeler, masallar
taşımadan Kars'tan dalgın dönelim.

*"Bedenlerin çarpışması olağan işlerden de
ruh çöle dönmüşse kim tesadüf eder?"*
Ne böyle diyelim, ne yanıt verelim.
Kars'a giden bir çöl çıkarır kendine kardan,
Kars'a giden bir yalnızlık çıkarır kendine bundan,
Biz hiçbir şey aramayalım, bulmayalım hiçini birden,
hem Kars'a gittikten sonra
ne kalır ki geriye arayacağımız
tesadüften başka!

4.
Hadi Kars'a gidelim, unutalım,
gittiğimizi de unutalım unuttuğumuzu da.
Kars'a gitmek; yakınlara, uzaklara,
hüznün başkentine, aşkın sonkentine,
yalnızlığın kalesi kentlere gitmek,
meraklar tazeleyip arzu gidermek,
yorulmak, üzülmek, yazıklanmak,
yolculuktan geceler, şehirden gözler
çalmak değildir, değildir ki.
Kars'a gitmek, bir şiirdeki gibi
bazen hiçbir yer'e gitmektir.
Hadi Kars'a gitmeyeceksek
hadi hiçbir yer'e gidelim.

5.
Hadi Kars'a gidelim, çekilelim.
Kimse Kars nedir, neresidir bilmesin.
Kars'ı romanlardan, şiirlerden sevmesin.
'Kars'a geldik mi?' demesin,

içinden kar geçirmesin,
kar sesine sevinmesin,
eski şair sözüdür: *"Her aşk*
kendine kar yağdırır", yağdırsın da...
Karyağdı Hatun gibi
gurbet ile saadeti
birbirine bir kafiye uzaklığında
iki mutena semt sanıp,
yanlarından geçip Kars'a gitmesin.
Kendini Kars'a yollanmış ağır ve uzun
bir mektup gibi dokunaklı hissetmesin,
içini terk etmesin.
Kars kendinde dursun,
biz kendimizden gidelim.

6.
Hadi Kars'a gidelim, bırakalım
kelimeleri öyle gidelim.
Sözleri, cümleleri, söylenmişleri
henüz söylenmemişleri bir daha asla
aklımızın ucuna, dilimizin kıyısına
getirmemek üzere terk edip gidelim.
Kars bizi beklemiyor, yolumuzu gözlemiyor,
ne ona soracağımız bir soru,
ne ondan beklediğimiz bir cevap var.
Kars'ta yalnızca Kars var.

7.
Hadi hiçbir yer'e gidelim.
Hiçbir yer'de hiç kimsemiz yoktur,
şehrimiz, denizimiz, dağımız, evimiz yoktur.
Uğurlayanımız, karşılayanımız, bekleyenimiz,
özleyenimiz de olmasın öyleyse.
Kimse kimseyi anlamasın, biz de kendimizi...
Hiçbir şey anlamayalım.
Hadi kelimeleri kapatalım, sesleri unutalım,
cümleleri kıralım, kendimizden dağılalım.
Kars'a giden sise karışalım, Kars'a gidelim.
Kars'a gitmek, hiçbir yer'e gitmek olsun, gidelim.
Yokluğa gitmenin yolu nereden geçiyor, bakalım.
Bakalım yol nereye kadar yolcu nereye..?
'Sen kalansın ben eyleyen' demeden önce
iki yolcudan biri diğerine...
Sen 'tabii ki' de, o da 'neyse' desin
ve herkes kendi Kars'ına,
kendi yokluğuna gitsin.
Hadi
artık
gidelim.

Aşk türküsü

İnsan sevdiğine yağar
gül olur
yağmur sevdiğine yağar
kül olur
mektup sevdiğine yağar
pul olur
şiir sevdiğine yağar
dil olur

Sanırım aşk onunla hiçbir zaman karşılaşmamaktır!

Size kesinlikle katılmıyorum
ve katılacağım birini arıyorum şiddetle
bu siz de olabilirsiniz isterim olun ama
izin verin sizi baştan uyarmama:
Aşk eski filmlere benzemez
aşk yeni bir film çevirmek ve hiç mi hiç
katılmamaktır o eski filmdeki klişeye:
"Aşk hiçbir zaman pişmanlık duymamaktır"

–mış! hiç mi hiç katılmıyorum, buna aşk
öyle pişman olmaktır ki bazen ölesiye,
pişmansak bu aşk olmayacaktır
öyleyse çıkaralım pişmanlık duyduğumuz ne varsa
kitaptan, hayattan ve aşka sayalım kalanı
yeni bir film çevirelim ne aşkı ne pişmanlığı,
onun sadece unutulmaz bir cümlesi olsun
ve yukardakini unutturrsun:
"Aşk hiçbir zaman onunla karşılaşmamaktır"
belki de bir daha hiçbir zaman karşılaşmamaktır
işte ben böylesine aşk derim, diyelim!

Düşün ki hiç bilmediği başkalarının özlemini çeken
iki kişiden birisin, yalnız değilsin yani,
o yoksa da ne gam onun yerine de sensin
ondaki aşkı da sen çekeceksin, böylece iki âşık
birden olup, iki kere aşk olup demeye de geliyor bu,
kavuşmayı değil hiç kavuşmamayı özleyeceksin!
'Ben sana aşk oldum' dersin böylece 'âşık değil'

Burada 'ben sana' bölümü bile fazla hatta yanıltıcı,
'aşk oldum' demen yeterli öyle ya
ortada âşık yok ama iki aşk bir arada
ikisi de bir adamda ya da bir kadında
ben aşka böyle çekilmek isterdim
bu aşk beni birden çekti demek isterdim
bu aşk beni birden ikiye çekti
sonra yeniden ikiden bire
ben aşkın ne yanında ne içindeyim
'ben aşk'ım demek isterdim yalnızca
ben fazladır sen gibi
ben senden yokluğuna çekiliyorum
ben benden çekildikçe aşka çekiliyorum
kendime geldikçe bende daha çok sen oluyor
daha çok sana geldikçe sana daha çok
geliyorum gelirim geldim
bu bende daha sen var demektir
beni benden alan değil hayır
beni kendime getiren de değil
beni benden kurtaran şey aşk olmalı

galiba hiçbiri aşka sayılmaz bu dizelerin
öyleyse şiire de hiç sayılmayacak demektir
sayılmamalı ama olmalı:

O zaman oluyor
o zaman şöyle oluyor
o zaman varlığın yokluğun
yokluğun varlığın oluyor
hem de olmuyor

o zaman bir heves, geçiyor
bir arzu, soluyor
bir olanak, yitiyor
ve aşk kendi kendine şöyle diyor:
Yurdum ol
dirliğim ol
suyum ekmeğim ol
ruhum bedenim
uzağım yakınım
sözüm bakışım
yolum uçurumum
zamanım mekânım
yokuşum düzüm
böyle bir var
bir yok ol
yani tıpkı aşk gibi
aşk ol
ve aşktan başka
kelime olmasın elimde
seni sevmek için
...
"*Gelmiş Bulundum*" demişti giderken
Edip Cansever
ondan mülhem 'yazmış bulundum'
dedim ben de yazmayı bırakmışken
tam aşk üzereyken söylenmeli belki de
bak bu hiç olmadı işte denilse de
sen sakın 'olmuş bulundum' deme
sanırım aşk onunla hiçbir zaman karşılaşmamaktır
daha önce hiç böyle olmamıştı

ilk kez geliyor başıma bu
sanırım bu oldu
sanırım bu kez oldu
sanırım bu iyi oldu
sanırım sonunda oldu
sanırım bu da oldu
SANIRIM AŞK HİÇ OLMAMAKTIR!

Yapayanlış

Yanlış kadını unuttun
yanlış anıları hatırladın
yanlış şehirlere saptın
yanlış yalanları söyledin
yanlış kuşlar kondurdun
yanlış ağaçlara
yanlış zamanları özledin
yanlış oyunlarda yenildin
yanlış trenlere bindin
yanlış istasyonda indin
yanlış evlerde uyudun
yanlış bahçeleri övdün
yanlış borçlar ödedin
yanlış kalpleri gezdin
yanlış gövdeleri düşledin
yanlış özürler diledin
yanlış gönüllere girdin
yanlış kelimeler aradın
yanlış mektuplar yolladın
yanlış şiirler yazdın

Şimdi yapayanlışsın!

Yarım ağustos

Sesinizi gölgeye mi bıraktınız hiçbir şey
söylemiyorsunuz da bir hışırtı kalsaydı bari
sizden şu ağustosa, yarılamış olurduk hiç
olmazsa sessizliği de çarşaf gibi uzanan
şu aşkın da gelmiş olurduk yarısına
belki ikisinin ortasında bir ada, yarımada
yarısı dolunaydan yarısı rüzgârdan, aşktan
ve ayrılıktan demeye de sayılır bunlar, ağustosa da

Sözgelimi şu ağaç yerinizi almaya hazırlanıyor
şu harf bir ıslık olmaya hazırlanıyor sesinizde,
şu böcek belki de gelip uğur olmaya
ve uykusuz bir şiir daha gelip konmaya
hazırlanıyor öğleye, yarısı güneş yarısı gölge,
ve yarısından başkası olmayan şu bozsıkıntıda
az sonra ağustos başlayacak, artık kendinin yarısı
olmak üzere, kendinin yarısı olan tamamlamaz
kendini, kalır öylece, batısı yoktur ağustosun
doğusu vardır, hem bana kalırsa bazı aylar
bazı kitaplarda daha sıcak, bazı aşklar
bazı aylarda daha uzak, bazıları doğusuyla
bir güneş ülkesi, bazıları batısıyla kar merhameti...

Böyle böyle ne çok ağustos kaldı kitaplarda,
bazen dedik ki anlamak iyidir yaşamaktan
gölgemizi anlamak gibi dedik, o bize bilmediğimiz
uzaklıklar kazandırmadan, bir de insanın gölgesiyle
arasında açan o utanma, çiçek miydi türkü müydü,

yürüyüp gittiydik sesinizin dolaylarından, kır çalgıları
eşliğinde, lir, flüt, kuş dili, karıncalar, ağustosböcekleri
ve buna benzer bir koroyla, yarısı sessizler senfonisi,
sizi çağırmaya gittiydik, tabiat, hayvanat ve cümle gemisi,
fakat biz gelmeden daha siz toplamışsınız boşluğunuzu,
kurulmuşsunuz bir anlama, biz sizi anlayamadan daha,
ve sallana sallana, hayır hayır, salına salına
bütün aylar bir yana siz bir yana olmuşsunuz
gibi bakmadan geride bıraktıklarınıza, kırdıklarınıza,
yorduklarınıza, susturduklarınıza, yaktıklarınıza...

Artık kirli filan değil düpedüz bir kötülük antolojisidir
şu ağustos, ayırmıştır ilk kez bir aşkı iki adaya
ortasından değil tam, yarısından ama çoğu bana
kalmıştı galiba aşkın da, ayrılıkla tamamlamıştım
onu ben, aşk işte, kendisiyle tamamlanmaz da hiç
ayrılıkla tamamlanır, nereden nereye, nereye olacak
aşktan ayrılığa, yani acıya! Hey ağustos yıllar sonra
neden çıkıp geldin ki bilmem yoksa bu kez de beni
tamamlamak için mi yarım kalmış bir acıya!
İstemem, *'üstü kalsın'*, yarım kalsın, eksik kalsın
acı tamamlanmasın, yarısında kalsın bu defa!

Aşk küçük...

Karşıma dünyayı çıkarıyorsun
korkuyorum
çünkü dünya aşktan büyüktür
eski haritalar, eski coğrafyalar,
eski imparatorluklar, eski aşklar,
ürküyorum, sürmez saltanatı aşkın o kadar
sürse yeter cumhuriyet kadar

Ben seni bu dünyaya rağmen...
Seviyorum sevmesine ama
yalan söylemek de istiyorum
aşkın bu dünyadan olmadığına dair mesela:
'Aşk farklı bir coğrafyadır
ve hiçbir haritada yeri yoktur'
biraz daha abartabilirim hatta:
"ve aşk bize rağmen kurulmuş
iki kişilik bir imparatorluktur"

Hadi şimdi doğru
kendine dön ve kalbine gir
aşk sınır tanımayan o şeylerden değildir
onun da yüzölçümü, hacmi, metrekaresi vardır
bazen bir ev, bazen bir sokak kadardır
bir park, bir köprü, bir tünel sayıldığı da olur,
ve sonuçta bu dünyadan dardır

Evet, evi kuran da aşktır
benim bir odam var orada
kapısı da sana açık yeter ki
evi aramıza kurma
ben de sana ev biziz diyeyim,
yok diyeyim benim senden başka evim,
altıncı katta oturalım hatta aşk bu ya
asansörü de olmasın
aşka öyle kolay çıkılmasın
adını aşk merdiveni koyalım
öyle bir bitki mi vardı sarmaşık
biz bu aşka asansörle çıkmadık
biz bu aşkı adım adım tırmandık,
diyelim

Evet sevgilim aşkımız dünyadan küçük
bunu bilmekte fayda var insanlık adına
kimseyi kandırmayalım, birbirimizi hiç
dünyadan fayda yok bize evden var
dünya aşktan daha büyük
dünya büyük, ev küçük olsa da
bizden önce kalplerimiz taşınsın oraya
aşkımız üç oda bir salonu
doldursun yeter bana!

İçimdeki çocuk!

Ev bir siyah güldür
geceleri içinden uçurumlara yürür
en çok ayrılıklarda büyür

Sen bunu bir şiir sanan kişi
yanıl, yanılmak iyidir, şiir de
her gün bir yanılgıyla yenilenir,
sonra anlarız ki bu bir emirdir

Bana kalırsa şiir de bilmiyor şiiri
şiir de ne olduğunu bilmiyor şiirin
şiir şiirde ne olduğunu bilmiyor
belki de şiir şiiri bilmemektir
tıpkı senin de bunu bir şiir sandığın gibi:
öyleyse bu bir şiirdir!

Hayır emretmiyorum ama istemiyorum da
şüphe duymanı çünkü daha çooook
şey var şüphe duyacak şiir ne ki
onların yanında şiir senin yanında ne ki
ben sana bir bahçe bulamadıktan sonra
Heidegger, dil, varlık, ev...
Keşke şiir de varlığın bahçesi olsaydı
dilin evi olacağına ve siyah bir gül
olarak aramızda bir uçurum çiçeği
gibi duracağına ev... yok, gül, boş!

Öyleyse kimse inandıramaz beni
bunun bir aşk şiiri olduğuna sen bile,
boşver onlar inanmasalar da olur, kim
onlar bilmiyorum metrobüs yolcuları mı,
metroya binenler mi uçanlar mı yoksa,
ama yalnızca ikimizin inanmasını isterdim
elbette birbirimize değil, birbirimizden bir ev
yapalı çok oldu fakat bir bahçe açamadık,
inanmak isterdim beklediğimiz durakta
aşkın gelip bir metrobüste bizi birbirimize
sıkıştıracağına ve içimize bir çocuk atacağına!
....
....
....

Şiir bitmez ama sonunda biri şöyle der:
"İçimdeki çocuğu aldırdım!"
çok şükür çok şükür şiirde
bunu da gördüm bunu da yazdım
kadın, erkek, yaşlı, genç, şair ve okuru,
hepimiz aldıralım içimizdeki çocuğu
... Gidelim buralardan!

Karşı haziran

Sana karşı değil, şiire karşı

Bir şeyin tam kendisi olursan
seni de 'hayat'a sayarlar – olma
'kendileri'nden sayarlar – sayılma
bir şeye bir kaç adım kala
'şiir'e sayılırsın – kalma

olma – güne
sayılma – kimseye
kalma – büyüklüğe

Sözgelimi değil bir şeyin ortasından
sözgelimi değil Haziran 'gibi tam
ortasındayız aşkın' demek var
sözgelimi Mayıs'ın son günü gibi
Haziran'a bir kala şiire sayılmak da

Mayıs'a da sayıl Haziran'a da
sonuna da ortasına da sözgelimi
yağmur tam kendisi olarak yağarsa
sayılmaz tanesinden başka bir yolculuğa
yağarsa ortasından baştançıkarıcı
bir sebep belki *"kedere ve aşka"*

Şiirin de bir kendisi var, yani zalimi
bir kendisi gibi
harfleri, kelimeleri, dizeleriyle

bir de gölgesi var ki
şimdi ordayız– kapat şu şiiri
kapat şiir yazılır mı insan
sayılır mı aşk tartılır mı

Yağmurun öncesi şiir sonrası gölge
keder, aşk, Mayıs, Haziran, burası iyi
ben bir başkası olup geleceğim burada bekle
beni terk et başkasını terk etme
Haziran'ın kızkardeşi Mayıs, Nisan külkedisi
boşaltın avluyu boşluk gelecek
ve şiir bir şey söyler, söyleyecek
içinden gelirse– şiirin başkası, gölge

Kırk kere mi söyledin, söyle yalandır
"Mayıs'ı havalandır, sonrası Haziran'dır"
kendimizle her şey arasındaki o güzel
boşluğun sesiyle içimize havalanırken...
içimiz, ah oramız, yurdumuz, ovamız, nasıl da mavi
derdim ona, kanatlanıncaya kadar mavi derdim,
şiir yazsaydım, değil, bir şeyin sonundayım
şiirinin göğünün altında değilim
gölgesinin kanatlarındayım
burası neresiyse
ben oradayım
karşı Haziran'dayım

Nisan, Mayıs, Haziran
ortasından, yazından, sonrasından
üç yağmurgüzeli, üç yağmurgülü

yağmur, bulutun evvel gölgesi
"Aşk en eski köprüsüdür Balkanların en eski"(*)
kendisi olma sen de gölgesi ol
hem daha uzundur gölgesi aşktan
hem aşk da köprüsü kadar uzundur bazen
tam kendisi olmasın
aşk ortada kalsın

...

Aşk geçer de şiir durur mu
o aşktan önce geçer
kalır kalması gereken
kalır ortada
kalır boşluk
kalır hoşluk

...

Hatta kendimizin bile değil
en çok da kendimizin
'tam kendisi' olmamak için
buranın şimdisi var
şimdinin gölgesi var
Haziran'ın gölgesi karşı
ne yağmura ne aşka
boşluğun yanında
şiire karşı

(*) *Cevat Çapan'ın "Soluk Soluğa" şiirinden*

Güzel hata

1.
İnsanlar birbirlerini sevmezlerse diye,
gün olur da bazen sevmezler ya hani
unuturlarsa nasıl bir şey olduğunu
bir günah işler gibi hata işlemenin
onlara en çok kendilerini hatırlatmak için
dürtmek için, uyuma, uyutma, kendine gel,
yaşıyorsun hâlâ, günlerin çok daha,
bir papağan gibi de olur bir guguk kuşu da
saat kuşu da diyorlar ona bir kız bir oğlan
kardeş kardeş ötüşmelerinde mutluluğun
sen onlara aldırma ya da istersen aldır
yeter ki kuşunu, yani zilini çaldır,
papağan da söylensin dursun söylensin dursun
söylenmiş durmuş söylenmiş durmuş desinler:
Tik tak tik tak olur mu hiç çalışmamak
yanlış kuş yanlış kuş
böyle de şarkı olur muymuş
papağanın hanekuşu olarak dediği şuymuş:
Sevmemek olur mu hiç sevmemek olur mu
olmazmış, olmasın diye, zira insan hem kısadır
hem eksiktir, ölüm küçüktür ama insan
ölümden de... Ne kadar tamamlanırsa
o kadar iyi diye şiir yazmış şairler,
türkü söylemesi gibi bir şey yapıcıların bu da,
insandan bir Babil yükselmeyeceğini bilseler de,
yüksel ki yerin Babil değil, sisifos, sisifos diye
fısıldanmış sanki hepsinin içine, sur,
çalınmış, üflenmiş kıyama kadar: ses
denmiş, sus mu denmiş, bir ses bir sus

2.
İnsanın kalbi gözleridir bazen, ruhu da
sanki orada toplanmış gibidir, gözleri avlusudur
insanın, sesi de, bazen avlunun serinliği
bazen ikindisi bazen güneşi bazen incecik fısıltısı
gibi rüzgârın gelip geçer konup göçer
bazen insan adını tekrarlayamaz içinden her şey ikindinindir
bazen de güneş sesinin üstüne doğar ve hışır hışır hışır
bir yaz şarkısı gibi tek sözcüğü bile bilinmeden söylenir...
Yazılmış, yükseltilmiş, büyütülmüş, söylenmiş
şimdisi tamam olsa bile geçmişinden azalır insan
geçmişi çıkıp gelse geleceğin günleri kurtulur
bundandır masallar uydurulması çünkü anlatılan
her masalla geçmiş geçer, gelecek gider
her şey ses içindir ses olmak için
aşk olmak gibi tıpkı çocuk olmak,
ağaç olmak sesten beri,
bir harften bile ibaret olsa ses, bir suskunluktan,
sesleri birbirini severmiş insanların ve severmiş
insanlar seslerinden doğru birbirlerini
ve ses insandan önce küsermiş
ama bil ki insan sesine de küserse birinin
o işte ölüm gibi demekmiş,
ölüm sesine gelirmiş...

...

Biliyorum bu şiiri sevmedin
oysa ben de sana bu şiirle
orada çok güzel bir hata var demek istedim
şiirimle şart değil artık sevgilim
bir şarkı da olur yeter ki
"hatamla sev beni!"

Yalnızsan cumartesidir!

Bir kez daha
"Cumartesi Yalnızlığı"nın
şairine, Selim İleri'ye

İronik bir sessizlik varsa kaçınılmazdır
kederli bir gevezelik de – sözcüklerin kederini
sessizlik alır – bana seni hatırlatacak
bir şehir bırak, bir köprü kur
ya da vazgeçtim bir köprüyü yık,
tüm köprüleri havaya uçur
kendini bir ev sanan, sanki üçü
yanyana gelse bir ev kuracaklarını
sanan bütün o sözcükleri – onlara da
olacak çünkü bize olan, onların da
açılacak arası onlara da yalnızlıktan
bir elbise kimine bol kimine dar ve
onlara da karanlık çökünce gece
sanacaklar bunu, oysa gece başka,
karanlık başka bir ülke
kim biliyor hayat bir sabah mı oldu
birdenbire bir akşam mı yaratıldı yoksa
sanırım bir Cumartesi akşamıymış fakat
yine sanırım akşam Cumaya özgüdür
Cumartesiye bir akşamüstü olarak hazırlanmak
daha çok yakışır ve evet hayat bir Cumartesi
akşamı yaratıldıysa öyleyse Cumartesi
çocukluğun sabahı da sayılır, öyleyse
dünyada başka zaman aramak da boşunadır

dünyada yalnızca bir gün vardır öyleyse
o da uzuuuuuuuuuuuuuuun bir cumartesidir
dünya sanki o anda yaratılmıştır ve sen
yaratılan ilk insan kadar yalnızsın işte
bir sen bir dünya, bir Cumartesi bir yalnız
özür dilerim ama Cumartesi böyle bir şeydir işte
ben yalnız bırakmak istemezdim ama seni
benden değil bu yalnızlık kimseden değil
ilk Cumartesiden, o ilk insanın yalnızlığından
bir kez Cumartesi yalnızı olursan
dünyada da yalnız kalırsın işte
bu şiir de aslında ne Cumartesi ne yalnızlık
yalnızca aşk üzerinedir
ama zaten *Cumartesi Yalnızlığı* da
başka nedir
aşktan, olmayıştan başka
uzuuuuuuuuuuuun bir kederdir
aşk kadar uzun, keder kadar uzun
yalnızsan Cumartesidir
ey Cumartesi yalnızı öyleyse
iki kere kederlisin
yalnızlık da senin
Cumartesi de senin...

Yeşil gömlekli çocuk

Ben şair değilim bu da şiir değil
o yeşil gömlekli çocuğun yerine yazıyorum
yeşil gömleğini görmüyorlar
yeşil gömleğinin içindeki kalbini hiç
gösteremiyor üzülüyor
'aldırma' diyorlar 'günler
torbaya mı girdi
yine giyersin yeşil gömleğini,
kalbini temiz tut'
En çok da bu son cümleyi
kimin söylediğini merak ediyorum:
Kalbini temiz tut!

Kalbini temiz tutuyor
öyle temiz tutuyor ki
herkes gülüyor
yeşil gömlekli çocuğun kalbi
gömleğinin içinden bile görünüyor
bu kez de kalbini alıp saklamak istiyor
nereye saklayacağını bilemiyor
kalbini daha önce hiç saklamayan
çocuk nasıl bilsin bunu
avucunda tutmak istiyor
küçükken bir serçe kuşu tutmuştu
avucunda onun kalbini duymuştu
belki de kalp öyle bir şeydir
avucun kadardır kalbin de
avucunda saklayacağın kadardır

kimse istemiyor ödünç bile
ah bir çocuk kalbini
ödünç bile veremezse
nasıl yaşar ki onunla
o bilemiyor... ben de...

Yeşil gömlek giymeyen
bazı arkadaşlarından
'kalbim kırıldı' sözünü işitiyor
yeşil gömlek yerine
bu sözü giyinmek istiyor
yeşil gömleğini verebilir
bunu söyleyebilmek için
kimse onun kalbini kırmıyor
kimse onun kalbini bilmiyor

Yeşil gömlekli çocuğun
kalbi yok mu yoksa
varsa nerde
kalbini göster bize
yeşil gömlekli çocuk
kalbini göster bize!
...
Çocuğun adı Beşir
bir gömleği var yeşil
Turgut Uyar'dan kalma bir şiir
...
Hep o yeşil gömleği
giyer, değişir
giyer de hep aynı mı kalır

yeşil gömleğin içindeki
çocuğun içi
aynı kalır sanıyorlar
yeşil olmazsa mavi
ile yatışır diyorlar
...

İşte bilmem anlatabildim mi niye
yazdığımı bu şiiri o yeşil
gömlekli çocuğun yerine
ben ondan hayli büyüğüm tabii
yani çoktan geçtim ben şair olacak yaşı
yeşil gömlekli çocuksa şiir yaşında
gömleğinden sanıyor kalbinin kuytuluğunu
bir şey demem gerek benim diyemiyorum
onun yerine yeşil gömlek giyebilirim
onun yerine şiir yazabilirim
onun yerine acı çekebilirim
ama daha ötesini bilemiyorum

O yeşil gömlekli çocuğu seviyorum
kalbini göstermesini istemiyorum hayır
onun kalbini çalsınlar
kalpsiz kalsın
kalp şart değil bu zamanda
kalp fazla
ben de kalp hususunda
artık yazmak istemiyorum
ne onun yerine ne kendi adıma
hem kimse onun yeşil gömleğinin
içinde taşıdığı kalbini görmedi,

onun şiirini duymadı bir kez bile
o çocuğu bu şiirden çıkarıyorum
yeşil gömleğini çocuktan çıkarıyorum
şiir de sizin artık yeşil gömlek de
mavi mi olur artık siyah mı kırmızı mı
kimin gömleği yaza açıksa
siz onu yaza durun, geze durun, aşka durun
o çocuğun kalbinden uzak durun!

Toz

Haklısın, çünkü dalgınsın
dalgınlar ve ahmaklar haklıdır
olsun onların da bu kadarcık hakkı
olsun, kardeşlik hakkına benzer sonunda
aşk olmak, öyle kutsal ve öyle uzak
sen dalgın olursun ben ahmak

Dalgınsın, çünkü tozlusun
toz seni kışkırtıyor derdim
evimiz bir Amerikan filminde olsaydı eğer,
hem sen yabancı değilsin sadece dalgınsın
gurbet deyince aklıma Amerikan filmlerindeki
taşra geliyor biraz da, nedensiz, belki de değil,
gurbet; gözüne toz kaçması gibi bir aşkın
hem sen sadece dalgınsın, ağlamamalısın

Dalgınlığın için için bir toz bayrağı
evin içi, ötekinin gözleri, senin esirgediğin
nefes, aşk da tozlanıyor, bir gün
nefesine yetişemeyebilir kimse
bense yapayalnız bıraktığın ev gibi
toz içinde kalmış nefes nefese

Sana efendi bir mektup yazmak istiyordum aslında:
"efendilik bir niyettir
iki insan yola çıkar
ayrılan iki kişidir"
bu mealde sürüp giden

şiir mektupta kaybolsun,
mektup zarfta erisin diye...
Şiiri de mektubu da zarfı da
boş verdim ve dedim:

"Efendimiz Acemilik", hey efendimiz
Turgut Uyar hey hâlâ en acemimiz
toz ustası uzun şair uzun yabancı
tozun gözüne seninle girdi şiir
gözümüzdeki toz da öyle sizden, eskiden
efendimiz sizi tozunuza bırakıyorum
efendimiz, acemimiz, sizi sıkıntınıza,
ki hâlâ o en devrimcimiz...

Bu mektuba emeğe geçen herkese:
Dalgınlık aceminin eksiğini tamamlar
ahmaklığın kitabı var, mektubu boş duruyor
sen efendi bir mektup bekliyorsun hâlâ
bu şiiri hiçbir şeye tamamlama, toza da
öyleyse size geçelim tam da burada:
Ben galiba dilinizden ayrılmak istiyorum
ki ülkenizden de demeye sayılır bu
vadileri, dağları da katıyorum buna
yani tırmandığınız ve indiğiniz boşlukları da
hayli büyütmüşsünüz siz, gelinceye dek
benim boşluğuma...

Şimdi:
'Dünyada en çok seni seviyorum': Söz
beni yapayalnız bıraktığın içim: Toz

Yağmurlu elma

Yağmuru bekliyor musun
elmayı dinliyor musun

Dedim ki ona: Yağmur yağınca
beni yaz sesinle ara
hangi sözcüğü söylesen
elma diyormuşsun gibi
yıkanık, pırıl pırıl, güneşli
o yeşil
bir elma ısırmış sesinle
tadı kalmış dilinde
tadı kalmış sözcüklerinde
öyle iştahlı, esrik ve ürpertili
ben de bordo diyeyim sana
bordo, ey şarabın evi
ve ey elma sesli bir komşusu olan
şiir sevin öyle sevin ki
sözcüklerinin başı dönsün
elmanın sesinden
ve yağmurun şarap koksun
şarabın dökülüşü gibi aşka
dökülsün sözcüklerin rengi de
bu şiire, dışardan bakılınca
taze bir elma gibi yeşil,
içinden okununca
bordonun koyuluğu
baksın gözlerine
şiirim sesinden güzelleşsin

sesinden derinleşsin bir de
Sen hep yağmur gibi düş
aklıma, elmanın yurdu olan kalbime
dışarda bir şey yağıyor
sen olsan yağmur dersin
ben elma diyorum buna
yağmuru saymazsak sahi
aramızda ne var bizim
ne olacak bir elmadan başka
yarısı ısırılmış ve yarısı saklanmış
yeni bir aşka
başlamak için sesini yıkamaya
elmanın sesiyle yıkanır aşk da

Elma sesini yıkar, içini parlatır,
gününü uzatır, Haziran'ı yakınlaştırır,
gövdeni aydınlatır, ruhunu sevindirir...
Ve buna benzer şeyler
ve sana benzer şeyler
yağmurlu günlerde yakın
güneşli günlerde avare kadın
ve bir adamdan başka
başkası da ne der bilemem ama
hem galiba sen de bilmiyorsun daha
aramızdaki sana elma dediğimi
seni aramadım
karşıma da çıkmadın
seni bulmadım
çünkü henüz yeşilsin
yeşil bir elmasın

belki varsın
belki yoksun
belki olursun
...
Yağmurun yağmasını bekledim
bir elmayla konuşmak istedim
bir elmaya kavuşmak istedim
şairin elmasını bildim, yağmurunu dinledim:
"Sen elmayı seviyorsun diye
elmanın da seni sevmesi şart mı?"
onu şairler der, ben demedim

Elma vardı – hayat kalabalıktı
yağmur yağdı – herkes tenhaydı
bilmem ki ne demeliyim
belki de yağmurdan evvel yetiştim sana
yetiştim sana ama senin sonunda
elma yok kalmamış
n'apalım
elma ısırmış birinin
iştahlı sesi kalsın bana

Mavileyin...

Karanlık şiir; akşamların birbirine benzemesinden
karanlık çağ; aşkların birbirine benzemesinden
karanlık mektup; sözlerin birbirine benzemesinden

Gecedir şiir, bunu duydum ve duymadım
hayatımda bundan daha karanlık bir şey
sonra kapanır gibi oldu gençliğin kapısı,
şehirlerin kapısı, akşamların kapısı
kimi yüzüne kapanır kimi gözlerine
ve onlarla kapanır aşkın kapısı da
o zaten yüzüne değil içine kapanır
o mavi bir kapıdır

O kapı kalbine kapanmıştır
kalbini boşa yorma, şiir arama ona
mavi kapı kapandı sana
şimdi sözün kalabalığına karışırsın
ya da seyrek adam olursun
kendinden söz sızdırmamaya

Her şeyden mavi kalsın
akşamdan da aşktan da sözlerden de
eşyanın yüzü aydınlansın
sözün yüzü aydınlansın
gözü aydın olsun aşkın
anlamasın ya da anlamasın
maviydi beni içine atan kadın
içime attığım kadın

ondan atıldığım kadın
sütdişleri maviydi
ve böylece
seyrek bir adam olarak ben de
içine karıştım mavi bir ayrılığın
mavi bir kahkahanın
mavi bir karanlığın...

BİR ŞİİR
yalnızca
bir şiir
midir?

Hepimizin ödülü gecikecek... diyorlar,
gece fısıltı kokuyor, son harfler bunlar,
uzun bir yazın işaretleri bir daha görülmeyecek,
kadınlar yalnız sorularla beslenecek
ve ben bir heves helvası uyduracağım eski günlerim için
insan eskiyince, eski yeni olur bilmez misiniz
yağmursa... uzun... yıllar... hep... aynı... pencereden...

Unuttuğumuz için uğraşıyoruz hatırayla
yoksa işimiz dünden daha kolay
günah mı kolay peki arınmak mı, gerçek soru,
hesaplaştığımızdan değil bana kalırsa bu,
hesaplaşmakta bir kasap-koyun ilişkisi var
sanki oyunhavaları eşliğinde
kan çıkacak... kan çıkacak... akacak kan... dan!

'Hesaplaştığımızdan değil bana kalırsa' demiştim, günahlarımızı
yalnızca 'eski' oldukları için bu kadar kolay terk ediyoruz,
çünkü hepimiz omuzlarımıza bir masumluk yükledik
(bu, kelime oyunu olarak hayli hafif,
ikili ilişkilerde, dünya hayatında ve şiirde ise
çok çok ağır bir dizedir)
isterseniz bir daha ama iki kez
üst üste, art arda okuyalım ve aradaki
'fark yaraları'nı görelim kapanmaz çocuklarda

çoktan kapanmış o yaralarla saldırıyoruz şimdi dünyaya:
insan olarak, hayvan olarak ve bir vahşet taşeronu
insanatlasının ve hayvanadasının ortasında!

Fakat... Bu şiir de bir tesadüf, tesadüflerin şiiri, olursa şayet
yine tesadüfen bir şiir olacak, yoldan geçerken gibi,
yazarken bulmuş olacağım onu bulursam elbet,
ve şöyle diyeceğim: yazıyordum bir de baktım
neden olmasın dedim, şiir işte, adını şiir koydum!
(Şiire başlamak istiyorum, okula başlamak istiyorum
yanyana oturmak istiyorum küçük harflerle
a... sen buraya benim için mi geldin?
b... küçüğüm sen de mi yeni başladın alfabeye?
ç... zil çalınca gitmeyeceksin değil mi yanımdan?
Diye diye çokbiçocuk, hepbiçocuk, durbiçocuk olmak
istiyorum harflerle, çünkü bugün Çarşamba, arkadaşlık günü
harflerle, sayılar perşembeyi beklesin ve saysınlar 9'a kadar,
o (sıfır) dahil, sayıların afrika'sı, o yoksa ben de yokum,
sıfır olmazsa hiçbir şey yok, harfler de, tabiat da, aşk da,
yokuz, hem sıfırla varız çoğuz hem onla hiçiz yoğuz...)

Zırrrrrrrr! Zil çaldı şiire dönüyoruz, zırbiçocuk, dönbiçocuk,
teneffüs zili şiirin zilidir, çalar, heceleri alır çıkarız şiire,
he –ce- le- mek bana ke ke ke le le mek gibi
geliyor ve bu yüzden hepimizin kekeme olduğunu sö sö sö
söy le le mek istiyorum ama derin bir oh çekmiyorum
kekelemek geçici bir hal olsun istemiyorum, hep sürsün,
başlangıçta yani ilkelokuldayken biz ve harflerle bir aile
kabile, ailebile, alfabe, elifba, elifbile ikenbile hepimiz,
miyopluk başka sanırım o bir ağaç hastalığı yersel
bizimkinde göksel bir şey var yani dilimiz tutulmuş

göğe bakalım sanki bütün ormanlar geyikler düşünce
hepsi ordan akıyormuş gibi mavi bir düşünce de istersen
hakikat özgürleştirir de, fakat bu şiir o hakikat değil,
çünkü şiir de bize mahremiyeti çoktan yitirdiğimizi bildirir
hepimizin omuzlarına bir masumiyet yüklenmesi de
                                                  bunun delilidir:

Aşk zaten sanayi devrimiyle bitti
devrimler sürekli olmazsa birbirlerinin yerini alır
o yüzden sağcılar bile bazen devrimci adını alır,
bakınız yakın Türkiye tarihi
bakınız Cemal Süreya'nın dediği:
"Bütün mimarlar yüksek mühendisler de
bir sen kaldın alçak mimar ey sinan usta!"
Sanki oturup Ece Ayhan'la yazmışlar bu ikiliği
yalnızca 'mimarlar' ve 'sinan' sözcükleri
Ece'ye ait sanırım diğerleri Cemal Süreya hinliği değil,
iyiliği demek de az gelir, öyle bir keder ki fakat ömrünün özeti...

Sonra okul başladı, çocukluğun tatil edilmesidir okul,
dünyanın bir sınav ve aşkın bir tatil, haftasonu, yaz, deniz
gibi bir 'boşluk' içindeki 'hoşluk' olduğunu öğrendik
derslerini çalış, ödevlerini yap, sabahları karını öp,
akşamları buse kondur, imtihanlarını ver,
sınıflarını geç, yüksel yüksel yüksel ki yerin...
Aşk mı, geç!

Hayır hayır bu yalnızca bir şiir olsa bile
bu tesadüfen bir şiir olsa bile, zaten başka türlü olmaz,
ve ben rastlantıdan çok tesadüfe inansam, iman etsem
bunu da bu aşk şiirinde yazmış olsam bile, burası yeri değil,
çünkü burası bir mutfak değil, şiirin mutfağı mı olurmuş,
abartacağınıza unutsanız sizin için daha iyi olur
bu çok romantik, bense 'iflah olmaz, deva bulmaz'
bir romantik, şiir delisi, seyyar şair, seyyahperest hiç
filan değilim iflah, vazgeçiyorum bak daha şimdiden
söylediklerimden ve öbürgün, gelecek ay söyleyeceklerimden:
Şiir her yerde değildir, her şeyin şiiri yoktur
şiir işte şu benim yazamadığım şeydir,
aslında gayet iyi biliyorum şiirin ne olduğunu
çünkü okuyorum ve işte şiir ustaların, dostların,
gençlerin yazdıkları diyorum ve nasıl mutlu nasıl
mutlu bir ben anlatamam, o kadar mutlu olunca da...
bir ben değil cümle âlem yazar mı ben de yazamıyorum!

Peki bu ne, ne demeye yazıyorsun bu cümleleri
ve uzatıyorsun bir de, sanırım kimse okumasın diye!
Pişmanlık bildirsen de ne kadar, eski reklam yazarısın
eh 25 yıl kadar yaptın durdun kelime oyunlarını
kurumsal kimlikler oluşturmak için çabaladın,
marka imajını korumak için öneriler geliştirdin
ve elbette öğrendin değişik pazarlama stratejilerini,
pazarda tutunma ve rafta kendine yer açma taktiklerini,
bilirsin eski de olsa kimi numaraları yeni diye göstermeyi,
bu kadar uzun yazınca okumaz da kimse şiiri
adam yazmış, yazıyor bak ansiklopedi gibi derler,
bir de üstortayaş mı belki de ortayaşüstü

bir tembellik üstüme düştü, şiir elime küstü
o yüzden ben de ince ince inceltme ısrarını bıraktım
bir de böylesini denemek istedim şiirin, yazıldığı gibi,
dağınık kalsın, Goethe'nin dediği gibi olsun dedim:
"İnsan hayatı bir şiire benzer
bir başı, bir sonu vardır
ama bir bütün değildir
belki tamamlanır..."
Şiir de hayata benzer, belki tamamlanır!
Acaba şiir bitince insanda aşk da mı biter
acaba hayvan biterse insan da mı biter
bence tersi daha kederli, hayvanın hafızası var
hatırası yoksa da, unutmam gözlerindeki kederi
ne gönül, ne kalp, ne iç, hepsi hiç hiç
hayvanların gönlü de yüreği de içi de gözlerine toplanmış
bazen bir çift göz gibi gelir bir köpek, bir kedi
açın bakın hayvanların gözleri ansiklopedisini,
bir de çocuklarda görürsünüz göz göz olmuş o kederi
insanlar da gözlerinden değişir, gözlerinden fenalaşır,
iyilik de gözde kötülük de zulüm de gözde merhamet de
insanların neyi yitirdiklerini yalnızca gözleri anlatır
ondandır gözlerimizi kaçırmamız başkalarından
başkalarından değil kendimizden kaçırırız aslında
merak ederim nereye koyarız onları bu durumda...

Hayvan gözdür ve gözün anlattığını anlatamaz başka hiçbir şey
hiçbir insan, hiçbir kitap, hiçbir aşk, hiçbir zaman...

Son şiirlerim de sanki açıklaması gibi eski şiirlerimin
ya da pekiştirmesi gibi diyelim bazı dizelerimin

"Kimsenin kimseye gözü değmiyorsa şiir niye?"
diyen birinin umudu kesmesi belki de kendinden
yine de şöyle söylersem şiiriçi bir sorun diye
bakılabilir belki bu yaşadıklarıma ve yazdıklarıma:
Artık her yazdığım şey biçimini belirliyor
biri 'konuşma şiiri' oluyor ve konuşuyor
tıpkı bunun da bir 'tesadüf şiiri' olduğu gibi,
tesadüfi şiir, tesadüfen şiir, tesadüflerin şiiri,
o yüzden şiir tekrar başlığına çağırıyor beni,
ah bir de boşluğuna çağırsa yeniden:

Bir şiir yalnızca bir şiir midir efendi?
Bir şiir yalnızca tesadüftür efendim
hayat gibi, dünya gibi, aşk gibi, insan gibi
bir şiir yalnızca bir hayvandır çünkü,
peki bir insan yalnızca bir insan mıdır
bir insan yalnızca bir hayvan mıdır,
bu şiir değil ama bundan sonrakiler
öyle olacak sanırım, şairin hayvan olduğunu
Dağlarca'dan beri biliyoruz yineliyoruz
bense artık şairin filan değil yalnızca
ve bizzat şiirin bir hayvan olduğuna inanıyorum,
çünkü hayli zamandır ne içimde ne dışımda
bir türlü bir yer bulamıyordum şiire huruftan kalbe
mühürlenmiş kalplerden ertelenmiş dudaklara
ikindilerden avlulara, eski nehirli yolculuklara,
aramızda gide gele erken yorgun trenlere,
ve bunun gibi artık yapıştırmaktan erimiş pullara,
mektuplara, zarflara, ahşaplara, ama heves var,
şiirin başında yazmıştım, kardan helvası da olur

hevesin pamuk helvası da bayramdan bayrama,
her şey geçsin, her şey gitsin fakat heves kalsın
isterim şiirle aramızda, aşkla aramızda
heves artık adı olarak hayvanın
ya da bir hayvanın çocukluğu olarak heves

Diyordum ki şu harfler insanlar için değildir bence
yaratılmışsa... yaratılmamıştır! İcatsa... edilmemiştir!
hem hepsi birer hayvana benzemiyor mu sizce,
harfler hayvanların şiir olmuş halidir, şiirin hayvanıdır
harfler öyleyse aşk n'olacak aşk harfsiz mi kalacak
aşk da hayvana benzemiyor mu zaten azizim
aşk kalpte gökte ruhta gövdede neredeyse
insanı baş eğdirmiyor mu doğasına öyleyse tabiatıyla da
hayvanlığına inandırıyor insanı ikna idrak infilak
olduğu gibi ilk, olması gibi gerektiği şart
yitirmek, unutmak, geçmek kendini vaz
vaz vaz geçersin ve durduğun yer: aşk
yaz yaz geçersin ve geçtiğin yer: şiir
tıpkı benim gibi geçe geçe vaz
tıpkı yazdıklarımın geçtiği gibi yaz
şimdi gözümü nelere açsam unutmaz
şimdi masumluk omuzlarımıza yük sayılmaz
hem zaten hiçbir zaman olmamıştı masumluk
sanırım onu eski romantikler mi demeli yoksa
romantik eskileri mi işte biz uydurduk
şiirin masumiyetle ilişkisi ne demek niye olsun ki
hayvan boşuna mı bağırıyor yani gözünden
hayvan boşuna mı susuyor yani gözüyle
hayvan boşuna mı acıyor iki gözü iki...

Bana bakmayın ben gözlerimi kaçıralı çok oldu
bir daha da hiç bulamayalı onları eski yerinde
gözlerimi kaçırdığım iki şey vardır ama her şeydir
şiirden ve tabiattan kaçırdım, bir de baktım
diyalektikten de kaçırmışım öyleyse şiirden çaktım,
hayattan çaktım, dünyadan çaktım, aşktan çaktım,
oysa tabii elbette şaka mı ediyorsunuz diyalektiğe
hep inandım, hiç ayrılmadım, onunla yaşadığımı sandım
ne kadar kaçırsam da gözlerimi o sürdü
bir geyik gibi de, bir turna haliyle, bir yaban sürüsüyle de
sürdü sürdü gözün uzun göçü ve hayvanı gördü
ve haykırdı göz:
Hayvanı açın, hayvanı okuyun, hayvanı duyun,
hayvanı susun, hayvan iyidir, iyilik hayvandadır
çok inceldiniz, şiddetiniz sizi çok inceltti,
şiddeti içinize ata ata içlendiniz şiddetle,
ne kinlendiğiniz var ne hiddetlendiğiniz
varsa yoksa şiddetli bir inceliğiniz var
incelikli bir şiddetiniz ince ince şiddetiniz
şiiriniz sanki şirinliğiniz gibi, istemem
korkuyorum şiirinizden de sizden de inceliğinizden de!
...
Hayvan aç ve açık
hayvan kapalı değilken
kapattık
şiirden tabiattan aşktan
tarihe kaçtık
o günden beri
hayvanla aramız açık
o gün ormanlarımızdan

nelerin kaçtığını hiç bilemiyoruz
peşinde olduğumuz bir şey varsa odur
şiire de sebep odur.

Şiir ektedir,
alın, okuyun:
(Giorgio Agamben. *Açıklık-İnsan ve Hayvan*,
çeviren: Meryem Mine Çilingiroğlu, YKY, Şubat 2009)

Elmanın E'si

"ELMAYI ÇOK SEVERDİ...

Sevgilisini gömdüğü elma ağacını göstererek,
"Elmayı çok sevdiği için oraya gömdüm" dedi.
Cinayeti itiraf eden A.O. sevgilisinin cesedini
S. ilçesi D. köyündeki arazide iki elma ağacının
arasına gömdüğünü belirterek yerini gösterdi.
Polis ekipleri olay yerinde yaptıkları kazıda
2 yıl önce kaybolan genç kızın cesedini buldu.
Cesedi göstermesinin ardından yoğun güvenlik
önlemleri altında adliyeye sevk edilen A. O.'nun
soğukkanlılıkla verdiği ifade herkesi şaşırttı.
Zanlı ifadesinde, "E.'yi gönüllü olarak kaçırdım,
evlenmek istiyorduk. Bir gece evimde kaldı,
sabah ailem E.'yi istemedi, ben de tekrar evine
götürmek istedim. E. bunu istemedi, yolda tartıştık,
birkaç defa yumruk attım. Daha sonra araçtan
sürükleyerek indirip, yol kenarında bulunan
akarsuda boğdum. Cesedi araca koydum,
D. köyüne götürerek orada bulunan iki elma
ağacının altına gömdüm. Elmayı çok sevdiği için
oraya gömdüm" dediği öğrenildi.

ELMA AĞACININ ALTINA GÖMDÜM!"

"Sen elmayı seviyorsun diye elmanın da seni sevmesi şart mı?"
demiş ya şair baba, düşündüm de elmanın e'si elmalı kız,
elmanın seni sevmesi hem çok tabii hem de şart
"ya benimsin ya toprağın" demiş adam, şaka gibi değil şarkı gibi
sen de elma ağacının oldun işte, demek ki elma da seni sevdi!

Ne olacak bu şiirin sonu?

Biz seninle eski mektuplar gibiyiz
yalnız birbirimize açılır ve vaktimizi biliriz
hem açan da çabucak kapatır bizi usanır
utanır gibi mi unutmak ister unutur gibi mi
utanır, ziyanı yok, sonunda bizi bize bırakır
ama biz bırakmayız kendimizi birbirimizde
çünkü eski mektuplar eski hesaplar gibidir
hiç kapanmaz, unuturuz ne yazdığımızı
biz bile tanıyamayız bazen bunları biz mi
yazmışız, bazen cümleler bizden önce yaşlanır çünkü,
bazen bizim gençliğimiz tutar, o zaman anlarız ki,
ödünç almışız demek bazı cümleler gibi
bazı duyguları da, aşk da böyle bir şeydir belki
ödünç aldığın şeyi kendinin kılmak için
uzun, ağır, zor, karanlık ve beyhude bir çaba,
aşkın da ödünç bir şey olduğunu anlarız sonunda
sevgi dedikleri şey de bence budur, bir sigara
içimi, aşktan sonra, iyi gelir, aşk bu yüzden
hep eskidir, önce gelir geçer ama bir yere gitmez
yani aslında bizi hiç terk etmez, biz kiracısıyız,
onun evinde oturuyoruz, o bizi atabilir ama
asıl biz onu terk ederiz edersek, etmeyiz, etmeyelim,
hem bizim de gidecek yerimiz mi var başka, yok,
işte göğün salonu, suların balkonu, ikindilerin odası
ve keçiyolu, aşka düşen hiç evde oturur mu,
dururken parkların sessizliği, ormanların kuytusu,
yaylaların çimeni, ve tabiatın koynu...

Bak eski mektuplar deyince gençliğim açılıyor
ve zavallı şiir nasıl biteceğini şaşırıyor!

Eski moda aşk şiiri

Galiba şair oluyorum ilk kez
bir kadın şiir yazmamı istedi benden
daha önce çok şiir yazmıştım ama
böylesine sevmemiştim kimseyi
ilk kez oluyor böylesi de hem
seviyorum hem şiir yazıyorum ona
galiba şair oluyorum sevdikçe
yazdıkça âşık olmak da denebilir buna
...
Şiir de gitgide bana benziyor baksanıza
sevdikçe bir tuhaf oluyor o da
ben de paylaşmak isterim elbet
o telaşı sevdiğim kadınla
beni beğeniyorsa, seviyorsa
şiirim de komik gelsin isterim ona
eski moda aşk, eski moda uyak,
eski moda metaforlar, eğreltiotları,
eski moda eleğimsağmalar, yani
rainbow, alaimsema, gökkuşağı,
eski moda bonmarşeler, tuhafiyeler
eski moda klişeler ve hatta şu gibi şeyler:
"Mektubu açtım/içinden kadın çıktı
kadını açtım/içinden adın çıktı"
gibi kiç ve klişe şeyler de yazmak istiyorsanız ona
sanırım aşk ve olmak da böyle bir şey galiba!

İkinci yeni aşk şiiri

Mayakovski güneşi çaya davet ediyor
terazitutmazlar tane ile satıyor sözü
dünya, ahiretin tarlasıdır, diyorlar ki sür
galiba hayat da şey olarak buna benziyor

Şadolsun da zaten bembeyaz değil miydi ruhu
ben şiir diye bilirdim meğer futbolmuş
Tanrı sözünü yaymanın en iyi yolu
eskidenmiş hayatın da kendine benzediği

Geçmişimse yalnızlığıma ortak edebileceğim
tek şey, hiç geleceğim olmayacak demek ki
bu belki de eşsiz dramların şehri Prag'a
Prag iken vaktinde gitmemiş olmanın bir bedeli

Hayvanın bir tarihi yoksa şiirin de yok
onların yoksa insanın tarihi olsa n'olacak
tarih yoksa yalnızlık çok ağır oluyor
biri bu şiire bakıp ne zaman ağlayacak

"Ben bu şiiri yazdım âşık çeşidi" (*)
o Sezai Bey, diğerleri İkinci Yeni
sizden sonra şair olunmazmış, eh olamadık
iyi okurlar olarak yetiştirdiniz bizi, ne iyi!

(*) Sezai Karakoç'un dizesi

647 Emel

"Merhaba 736 Haydar
ben 647 Emel!

Göçmen evlerinden, yaz günlerinden
ilkokula çıkan hayat merdivenlerinden
ilkokuldan kışa inen ömürden
kiralık bisikletlerden, ikindi şenliğinden
sokakları eşitleyen düzayak evlerden...
...
Senin olmayan misketlerinden
senin soğuk sevinçlerinden
senin gülünç kederlerinden..."

Bir mektup da 'çıt' eder
tıpkı çıt-kanat bir arkadaş
şiirlerini bu dünyaya son mektup
olarak bırakmış gibi çıt-keder,
çıt-ömür, çıt-aşk, çıt-biter...

Mektup kırılır...
45 yıl öncesinden
çocukluk kadar eski şehrimden...
Şimdi öğretmenimiz yok, ödevimiz yok
şimdi aşk yok, çocukluk yok...

İlk aşk, 647 Emel, sarışın, göçmen,
"yazılamıyor mu şiir
çocukluğu kaybetmeden?"

İncitmebeni

Kuşüzümüdür kediler, büyüyünce üzüm
odası olurlar, yani bağ bozulunca
içlerini açar kediler baka baka, gözlerini
bıraktıkları bir sonradan babaya, benim
eski bir bağda, ki şimdi üzümleri küs,
bir resmim vardı bir kızıl kediyle,
sakallarım ondan kızıl değil ama olacakmış
demek sakallarıma gömdüğüm üzümlerden,
demek ki öyle öyle birikmişiz aşka,
onun gözlerinde üzümün gölgesi, şarap mı
kokuyor rakı mı, bilmeden, hangisi uzun sürer,
işte şimdi aynı yaştayız, ayrılık yaşında,
ölümler gençtir, ayrılıklar yaşlı! Ya da
severken gençsin, ayrılınca yaşlı! Yoksa
bu şiire bakıyor olacaktın sen, ellerini kavuşturup
gözlerini de benim gözlerime kavuşturmak için
bakarak, küçüğüm gözlerin bende kaldı, onları
ben kazanmıştım bir gece seni uyutarak, sonrası...
Sonrası hep senin sesime düşen kuş yüreğindir:
Mııı-sııırrr! Meğer adına saklamışım çok şeyi,
Kiraz'ı, Nar'ı saklamışım sana, içindeki üzüm odasına
şimdi üzümlerinle uyuyorsun, bağ sende duruyor
bozulmamış, gözlerimden usandım, utanıyorum
gözlerimden, sen ki kuşüzümüydün, ruhumdun,
gördüm ruhun neye benzediğini, duydum ruhun da
canı acır! Mııı-sııırrrr, duyuyor musun ruhum nasıl
acıdığımızı acı üzümden! Acının salkımları içindeki
üzüm değil, gönlüm eskidi acıdan, gönlüm ki yeni

baba olmuştu seninle, aşka sayılır ya cem, sanki öyle
olmuştuk, seninle bağlar gazeline kurulmuştuk,
üzümlerini gördüm senin, bu yıl bağları sende bozdum,
senden topladım acıyı, üzüm odası değil, oğul odası
değil, acı odası oldum, küçük annem benim, Mısır'ım,
kızım, sürmelim, niye adadım ki bilmem şu olmayası
Üzgün Kediler Gazeli kitabımı size, güzelim, gazelim
olacakmışsın meğer, ve o sonsuz turneye erken
bir gazelden gidecekmişsin, hep bir anıya bakar gibi
bakmış bana gözlerin, yoksa üzüm değil de anılar mıydı
hep açık içinde, hep açık gözlerinde gördüğüm keder,
gözleri açık giden kederi de yanında götürürmüş meğer,
Kiraz ipeğimdi, sen kadifemdin benim, tüylerinizi değil
ruhunuzu okşuyormuşum gibi gelirdi bana bazen,
ipek ile kadife, kediler unuturmuş, yalan, Mısır hatırlar
ona Dante'nin *İlahi Komedya*'sından dizeler okuduğumu,
kibar ellerini kavuşturur, devam et dercesine gözlerini kapatırdı,
devam ederdim, gözlerine inanırdım çünkü, gözlerin
bağışlasın beni, gördüklerini içine atan o gözlerin, nasıl da
açıktı nasıl da direndi sonuna kadar acını duyurmamak için
Mısır, Mısır, Mısır'ım, bağışlayan gözlerinden öperim,
acıyan gözlerinden öperim, direnen gözlerinden öperim,
ilk gözağrım benim, ilk şiirkızım, küçük aşkım, Mısır'ım
sen nasıl sevindirdin gözlerimi bir bilsen, eğer kadifeyse
öpüşler senin ruhuna değdiği içindir dudaklarım, bir ışığı
varsa anıların senin gözlerin değdiği içindir günümüze,
bakma bu şiiri sanki sen yokmuşsun gibi benim yazdığıma,
şairliktendir, ruhun burdayken hem sen nasıl çekip gidersin,
hepimiz burdayız işte, İdil, Kiraz, yoldaki Nar ve şu kötü
şiiri yazmaya çalışan adam, beş arkadaş yani seninle birlikte,

hem hangimizin evi var ki arkadaşlıktan başka, hem
gidecek yerimiz mi var birbirimizden başka, sana ilk kez
inanmıyorsam beni bağışla ya da inandır bizi yokluğuna,
ah küçüksün daha bilmiyorsun, öyle güzel gözleri olan
bakar mı ölüme hiç, o güzel gözlere bakacak şey mi yok,
var, dünya kadar, Mısır, o güzel gözlerin inandıramaz beni
başka bir şeye, aşktan başka, sana inanamam Mıııı-sıııırrrr,
yokluğuna da inanamam, sevgili kızım, ruhu kadar güzel
kızım, ruhu kadar güzel gözlüm, ruhu sürmelim, sen de
buradasın işte, gölgen de, yokluğun da! Hem yokluğu bile
bunca güzel olanın kim yetişebilir ruhundaki sonsuzluğa!
Mısır'ım, masumum, ruhumu okşayan kadife kedim
seni suçsuzluğundan sonsuz kere sonsuz öperim,
'incitmebeni' salkımlarıyla dolu üzüm odasından,
bağlar gazelinden, kibar ruhundan, kadife ruhundan,
o üzümü incitmeyen sesinden, küçük dereler gibi akan
sesinden, küçük patikalar gibi kıvrılan sesinden, incecik,
uyurken üç kere kısacık 'beni evimize götür baba' diyen,
'uyumak istiyorum evimizde' diyen sesinden öperim,
Mısır, Mıııı-sıııırrrr, Mısır'ım, ilk gözağrım, ilk ruhağrım,
ilk canağrım, canım kızım, kadife kedim, Kiraz'ımın annesi,
ipeğin annesi kadife, içi kuş dolu sesinden de öperim de bilirim
nice öpsem yanmaz dudaklarım senin masumluğundan!
Ben razıyım, biz razıyız, evimiz, hayatımız da razı
Tanrı da razı olsun senin aramızda bulunuşundan,
aramızda mırıl mırıl gezen ruhundan

Haziran 2007

Mısır'ın yedisi

Yağmurda annesini düşünür bir kedi
yağmurda annesini arar bir kedi
yağmur, annesi değildir kedinin
yağmur aileden değildir

Annesini balkon sanıyor bir kedi
annesi gidince onun kuş kılığında
geri döneceğini, balkona konacağını
sanıyor, balkonu da onun evi,
ben de öyle sanıyorum, kuşlara bakıyorum
hangisi balkonun yenisi?

Kuşların imgesi güzel, kedilerin gözleri
biz kalbimizi ruhumuz sanıyoruz ya
yani ben öyle sanıyorum belki,
kedilerse yalnızca ruhtan ibaret sanki
gövdeleriyse ruhun içinde mır mır
mırıldanan küçücük bir kalp gibi

Benim evim genişti ve öyle sanırdım kalbimi de
kalbimin odalarında besleyebilirdim hepsini
şu balkondaki kuşu, kuşun içindeki ruhu,
ruhun içindeki kediyi, Mısır kızımı yani

Bugün babam için bir karpuz aldım
içi mavi çünkü armağan edeceğim
babam karpuzu çok severdi de babaannem
yoksullara yedirmeden kimseye yedirmezdi

o yüzden mavidir her yazın ilk meyvesi
ben öyle gördüm babaannemden mavi gördüm
cennet için değil olup olacağı bir dünya meyvesi

Mısır'ın yedisi bugün, perşembesi mavi olsun,
mavi yağmurlar yağsın güzel ruhuna
mavi rakılar içtim unutmak için, gittiğini,
unutmak istedikçe daha çok hatırlamak için
Mısır'ın yeşil gözlerini, o yeşil bir ruhtu belki
sanırım gözleri de ruhunun yeşiliydi
o yeşil bir ruhtu mavi yağmurlarda gözleri ıslak
kim demiş 'incitmebeni' diye ağladığını Mısır'ın
nasıl unuturum biri sesiyle, biri gözleriyle, bir de ruhuyla
üç kere 'unutmabeni... unutmabeni... unutmabeni!" deyişini.

Haziran 2007

Unutmabeni!

(Beykoz Örnekköy'de Tepetarla Mevkiinde,
Serpil teyzesinin evinin aşağısından geçen
derenin kıyısındaki ıhlamur ağacının altında,
20 Ağustos 2011 Cumartesi günü saat 17.30'da
babası ve Serpil teyzesinin kazdığı mezara,
annesi İdil'in mor renkli uzun çizme kutusunun içinde,
bir renkli pinpon topu (ki annesi Mısır'la oynamayı
çok severdi), bir renkli küçük plastik top ve
bir çıngıraklı yine renkli topuyla birlikte,
annesi, babası ve Serpil teyzesinin gözyaşlarıyla
gömülen Kiraz, 11 Eylül 1999'da doğup,
20 Ağustos 2011 Cumartesi saat 13.30'da
gözlerini evimize, hayatımıza, beraberliğimize
ve kızkardeşi Nar'a kapadığında tam tamına
11 yaş 11 ay 11 gün hayat sürmüştü.)

Seni burada bırakabilir miyim
nasıl bırakırım seni burada
seni burada hiç bırakır mıyım
seni bıraksam gözlerini nasıl bırakırım
her sabah odamıza günü açan sesini nasıl
senin olduğun günden beri
incelttiğin huylarımızı
sanki bizim adımlarımızla değil de
senin patilerinle yürüyormuşuz gibi
kendimizi nasıl hafif hissettiğimizi
ve artık birbirimizin dilinden değil yalnızca,
o kolay iş, üç gün filan sürer, delidil,

kirazdil, nardil söyleşmemiz, ama
senin mırıltılarını asıl, anladığımızı
nasıl unutabilirim hem nasıl bırakırım
seni, sen de şiirdin çünkü şiir de
mırıldanmaktır çünkü senin içindir,
"gözlerin aklımdan çıkmıyor", Kiraz'ım,
ruhumdan, hayatımdan gitmiyor
hem gitmesin de ipek kızım,
incecikti ama dolduruyormuş meğer
boşluğumuzu sesin, bazen de kendisi
oluyormuş boşluğun şimdi olduğu gibi
hep mavi bir ses yakıştırmışım sana
mavi bir sessizlik, mavi bir mırıldanma
ve bilmem ki mavi midir rengi o çiçeğin
adı 'unutmabeni' olan, sen benim için
artık o çiçeksin, o ipeksin, o kedisin,
seni unutur muyum hiç, hiç unutmamseni,
unutmamgözlerini, unutmamsesini,
sen Nar'a göre, annesi Mısır'ı özlediği için
onun yanına gezmeye giden, Nar'ın ablası
canımın içi Kiraz, o beyaz tüylerin gibi
bembeyaz ruhunu okşuyorum şimdi...

Eylül 2011

Yıllanmış şiirler

Ciddi savaşlar çıkacak!

Ciddi savaşlar çıkacak kara kanım ayakta
kırılmış kalpler yağıyor eski mutluluklardan
adı lazım gerekmez toplumsal ve çok doğal
bir kimlik parçalanıyor karnımın imlasında
artık yuva yıkan dişi baykuş sesini satsın
kart yürek koca memeler kuşdili bakla
karnını içeri çek şen yürü bir yıldız adayısın
koltukaltlarında ihanet kokusu düello habercisi
ey ıslak dudaklarında bir casusu öptüğüm kadın
sen binlerce ordusun, şiş ve tığ, ben tek tabanca

Ciddi savaşlar çıkacak buna memur edildim
miras ve zul'üm: şan şeref ve berat kambur sırtımda
amcam benim bıyık douglas ruhu işrete şeyda
bahçelerden geliyor yosmalarla rakılamış besbelli
şefik amcam gömleği kolalı da pantolonu muntazam
çapkın dudaklarında vefaya ahd bir elem gazeli:
—Yağdı şu makus talihime bir sebebsiz kar
sensiz mahzunum şefika âlem nasıl dar!

Saadetlim, karısından hiç geri çevrilmedi
bense şanlı mirasların çapsız vekili
ecdadımın ruhu küskün boş yatağıma
kimbilir nerelerde kökü dışarda karım
kimliksiz sesinden kalın çığlıklar doğuruyor:
—Birleşin bütün hanelerin eviçi köleleri!
Kışkırtıyor örgütlüyor cebren cürüm işliyor
beşer şaşar ama kamu yanılmaz

kuş kadar idrakin var behey lekeli fani
evine dön daraltmadan boynundaki zinciri!
Ciddi savaşlar çıkacak alkışçılarım susmuş
nerde 'salvation army' daltaban kardeşlerim
'ey gaziler yol göründü' diyen levendler şimdi
tüymüşler ufak ufak sizi makarnacılar
atım karşı saflarda, kılıcımı tutan yok
karım amazonlar gibi savunuyor kendini
yetiş ey gamze desem gülücük mü yağacak
ey düşmanın ak göğsünde gül açan evcil asker
kaç kez gül açsan boşuna kara kuşun susacak
kılıçlar yağacak ipek gibi biçilecek kelleler
bir kan bedeli gibi adımızı tarihten düşecekler

Ciddi savaşlar çıkacak kıssadan hisse
madem mahrem mülkümüzü ziyan ettiler
kılıçlardan doğduğumuzu artık unutmalıyız
bir bıçağın dili gibi keserken kanamalıyız!

1980

Solgun resmine bakınca

Gözlerin üstüme eğilince denizler taşabilir
sesinle batık gemiler çekilir kıyılarıma
yolumu yitiririm saçlarının gizli karanlığında
ruhum tutuşur sana dokunur dokunmaz
avcı mıyım ceylan mı koşarken ormanında

Nasıl şaşırıyorum solgun resmine bakınca

Gözlerin neden öyle telaşlı bilmiyorum
resimden kaçırılmış bir çocuk gibi büyük
ve öyle kederli ki usulca baktığımda
ya benim üşüyen kalbim ki görünmüyor
ya bir serçenin yüreği avuçlarımda

Gözlerim yanıyor solgun resmine bakınca

Bu rüzgâr sesini alıp götürebilir
hoyratça saçlarını çözer yeni aşklara
tutamam yüreğini alıp başını gider
bir bir çocuklar ölür dokunduğun geceler
üstüne eski sözler yağmur olup yağınca

Çok üzülüyorum solgun resmine bakınca

1981

Efendi ölsün!

Ay söndü bu yaz erken açtı bahçemizde küs
gökyüzü bir kez mavi bakmadı yüzümüze
sulara girdim yine de yaralarımı övdüm
göğsümde bir bıçağın dönen sesiyle

Düşler gömdüm gün üstüme dönmeden önce
ucuz aşklar bir tacir kılığında dolaştı şehri
ölümden başkasının kapısını çalmadığı evlerde
kalbim küller aynasında kırdı kendini

Yandım, yanıldım, yol oldum, sırrım döküldü
söyleyin kim bulmuş izini parçalanmış dilimin
hallaç oldum, tozum kalktı, beş pare çaldı çanım
aşktır o fenadır ey sökül ey kalbim

Vaktidir flüt ustası ayaklanan kanı üfle
dilsizim, soluğuna tutundum, uzat beni de
kapansın boş bahçesi susuz harflerin, efendi ölsün
tören bitti herkes kölesini ağıtsız gömsün!

1982

Kan kalesi

İçimdeki gecikmişi susturdum artık yüklenirim o sorunun
                                çocukluğunu
kimse güzelleştirmesin yağmurdan çaldığı harflerle ortadaki
                                        yarayı
çünkü ben kanımı saklasam süslenmiş mızraklar unutulurdu
sen mızrakların ucunda yanlış bir yoldaştın mağluplarla
                                ağlayan
avuçlarındaki çizgilere bakıp göğsünde bir ölümü tekrarlayan
kanın döküldü diye alkışlayanlar burçlarının kalesinde tutuklu
mızrakları bir deniz gibi yatıştıran küçük ayaklanmalar yenik
içinde kan kelimesi geçen elkitaplarıyla ağlanmış bir gecede
bozguna nöbet durmuş gibi hem korkak hem mağrur olan
gövdende nice cenkler kuruldu senin mızraklar unutuldu
bildirmedin üstünde savaşanlara içinde başkası olduğunu

Ben dünyaya hafif gelen gösterişsiz cismimle indim, mızraksız
beyaz ülkelerden geldim kana beyaz bir ses ödemeye
aşka kan düşürmeyen bir çocuktum kumral kadar renkli
uzun bir kelime gibi sürdüm kendimi bazı eski kitaplardan
şehirler kan, kitaplar kan, ve mızraklar kanla dönüyordu
                                    aşklardan

Yoruldum, sus artık kan ve bakıldıkça güzelleşen bazı şeyler yan
o güneşler takınmış zahit kurutsun artık kanlı defterlerini
mızraklarla sevişmeye durmuş kelimelerin toplandığı kitap
                                    açılırsa
açılır mızraklar saklayan kanda büyümüş kötülük çiçekleri!

1982

Bu şiir kederlidir

Gözlerin üstüme eğilince yüreğim taşabilir
sesinle batık aşklar çekilir kıyılarıma
ne bahçesi kalır gecenin ne suların feneri
dağlar küsebilir bize denizler terk edebilir
sonumu yitiririm senin karanlık ormanında

Gözlerindeki telaşı kimin bakışları dindirebilir
gözlerin kimsenin bakmadığı bir çocuk gibi
ıssız ve öyle kırılmış ki hiç susmayabilir
gün gelir kötü bir şiir bile dokunur insana
çünkü bazı sözcükler anılardan da kederlidir

Bu şiir kederlidir çünkü gözlerin kederlidir
bu şiir kederlidir çünkü... ağlama, şimdi
gözlerin gözyaşlarından daha kederlidir!

1983

Kalbin küçük ırmağına övgü

Ayın erken ağarttığı mutsuzluktan sorumluyum kalbime
ay çıkmasa ısıtılmış güneşin hükmünde ezilirdim
çocukluğun yüzyılından aşkın uzamış ergenliğine
kaç dilde yorduğumuz yalnızlık şimdi konuşur belki

Dünya hiçbir yüzün yerini beğenmediği
yurtsuzu çıplak gösteren sırsız aynadır artık
kalpse küçük ırmağında eksik ve yerli
izini sürmekte dipteki törensiz cesetlerin

Kış yalnızı, eline tutuşturulmuş yurtsuz bayrakla
gireceği ırmaklarda suç aramakta bir bir
kimin suyuna eğilse haklı cürümler yerine
gövdeyi utandıracak sevişme taklitleri
ki suçsuzluğun gövdesi bir kalbe gizlenmiştir.

1983

Baudelaire'in kadını

Baudelaire'in kadını bir kuş
uçuşuyla doldurur uçurumu
dünyayla arasındaki günahları
korumak için kendi uçurumuna
yerleşik bir rüzgâr tutumu

Baudelaire'in sözünü bağlamaya
imla arayan şair, aldanmış bilge,
binlerce kalbini bir kalbe hırpalatarak
'kuşlar çıplak dolaşmalı' diyebilir,
kanatlı bir ölümle çiftleşmeye
şehrin alkışının kesildiği günlerde...

Baudelaire bir yarı-kuş, yükseliyor
hevesinin ardındaki kâğıttan kışa,
başkalarının kanını tekrarlamaktan
öyle üşümüş ki dünyaya!

Baudelaire'in kuş kadını, yarı-kuş şair;
birisi aşkları dolaşan virgül: ne zaman
batıda kaybolmak doğuda değerlidir?
Birisi uçurum bağımlısı, eski güzellik kuşu,
ki 'yalnızca kendi günahları zevk verir',
eksik kalmış bozgununa çekilir
–d i l b o ş l u ğ u a n l a m a l ı !

Birisi gitmeli ve kendi uzaklığına bakmalı
öne sürdükleri leke hepimizindir.

1991

Seyirciler gazeli

Sizin sorduğunuz yol bizden geçmiyor, burda yersiziz
başkasında arayın kendinize yeni yabancıları

Siz bir başkasınız bizse seyirciden başka neyiniz
olabiliriz ki şu tek kişilik kalabalık oyununuzda

Güzel oynuyorsunuz, kim unutmayı bu kadar iyi
oynayabilir seyircinin gözlerini çalarak bir alkış gibi

Maskelerimizin altında size gücenip duruyorduk
belki görmez diye umuyorduk, tek tesellimiz

Siz oyuncusunuz, dokunmaktan iyi dil bilmeyen
bize de bakmak kaldı kaybolmak yerine bu müsamereden

Suçluyuz, seyirciniz olmayı bile beceremedik, affedersiniz
başka oyuna gelmeyiz desek de aldırmayın, yine geliriz

Seyirciyiz *'nükte ve ıstırabın garip muamması'*nda
budalayız, hâlâ ruhumuzun sahne alacağı bir oyunda gözlerimiz

Siz oynayın, biz bakarız, inse de sonunda gözümüze perdeniz!

1993

Aşknefes

Alnıma çarpıp dökülen ay işte yalnızım
nefsimin muradını verdim dilsizim
dünyayı yol bilen ırmaklardan çaldığım
aşk suyunda yıkanmış bir muhibden halsizim

İki yeşil yaprağı yüzüme tül ede ay
bir kırmızı gül için âlemin gölgesinde
saf olmuş güz kuşları kalbime tenha ine
şehvetimden tutkuyu silince ol ruşen ay

Saatlerden bozulmuş bir tarih dolaşımda
pervaz kadar hükmü var sözü ayak altında
abdala ders verecek çeriye gövde salıp
bir yoksuldan ötürü talibin dar boynunda

Davranmalı dem başında cem bekleyen şu aya
aşka cemal sen güzelin nazarı aya kılavuz
akşamına gümüş olsun kalbine gülüş
ey musahip yolu yitik perişanı unutma!

1983

**Çok güzelsiniz,
"yalanların ablası" seçildiniz!**

Şizofren yazlarda tutulan su çoğaldı
daha da çok şeyler çoğalacak
tören şarkısını siz mi söyleyeceksiniz

*seni çok iyi
seni çok güzel
sana bir ünlem yetiştiremedim:
—bana derdini ver!*

*beni duyuyor musun
aşk bizden önce
ya da daha kötüsü:
aşkın dünyaya terk ettiği
çocuklar bizden... önce!*

*yağmur seviyor
yağmur biliyor
herkes bizi aldatabilir
bizden önce*

*çünkü küskün kral oldum
sendin aradığım veda
daha da eksilmek
isterdim, isterdim ama
bu vedayı duymayacak
biri var, sensin*

benim eski bir anahtarım olsaydı
ruhumu açardım
periysem peri kalırdım
sevinerek lanetlendiğime
kimse uğramasındı evime bile

ben doğulu olsam sisli batıda
iyice çekilirdim kendi doğuma
kendi kendime doğururdum
benden istenen yazı
rüyalar çoğalsın diye doğuda

ah yalanların güzel ablası
biricik kalabalık, çoksunuz
erkekleriniz, kadınlarınız
dünyaya çıkamıyorum aranızdan

hayattan ne çok
şey istiyorsunuz
bizi kandıracak
hiçbir şeyiniz yok mu
kendinizde kaybedecek
hiçbir şeyiniz yok mu

güneye gitmek istiyorsunuz
sanki siz birinden
kaçmıyorsunuz da
biri sizden kaçıyor
gibi bir şey yok mu
bu güney duygusunda

hani ruh uçurumdu
atlasta aranmazdı

Size mi söyletiyorlar tören şarkısını
demek *'bizi incittiler anyway'*
sizi yalanların ablası seçecekler *anyway*
ve uçurumdan bile saymayacaklar artık
hepimizin hatırası için düştüğüm uçurumu

Demek sizi kurtardılar *anyway*
benim intiharımda çok ölüm bulundu
bir 'anımsama dahisi' olarak,
bir 'hatırlama delisi' belki de,
herkesin bıçağı birinin üzerinde
bulundu: Katleden ve kurtaran,
sizin gözlerinizde uyku bulundu
sizin rüyalarınızda hiç bulunmayan
ben kaldım "geride bir tek şey bırakmış,
yanına bir tek şey almış": cezalı

Çok güzelsiniz yalanların ablası
keşke bu güzelliğin içinde olsaydınız
dünya aldatılmak ister, aldatın bizi,
kendini kandıranlara dokunmayınız!

1992

Büyümek zorundaydım sizin aranızda...

Kötüyüm, kötüsün, kötü değil o
ona bir çocuk gibi baksaydın
bir çocuk kötülüğü görürdün yalnızca,
ona bak, kötülüğe de ilgisiz iyiliğe de,
o bir muhabbet kuşu dünyada

Ondan seni anlamasını istiyorsun
oysa duymak istediklerini duyuyor
söylemek istediklerini söylüyor,
şaşıracak çok şey var bunda! diyorsun,
şaşıracak hiçbir şey yok bunda!
Hem aynı ormanda yaşamaktan başka
ne ilgisi olabilir ki muhabbet kuşunun
göçü yarıda kalmış bir suaygırıyla?

Suaygırı bile değil bu eski hayvan
kimseyi göle götüremiyor
karada boğulup karada düşüyor
sebebi bilinmeyen bu eski hayvan

Muhabbet kuşu takla atmak ister
kendi sevincinden bir takla
onunla katılır ruhunda gezdirdiği oluşa
kanatlarında bir oluş vardır çünkü
hem açılınca hem katlanınca

Kötülük mü yapmak istiyorsun
kötülük yapacağını söylemelisin ona
ısrarların karşısında bu muhabbet kuşu
senin kötülüğün karşısında

yaptığı en güzel işi yapar
bakar bakar bakar
Başkalarından değil kendinden yalnız
kalan o eski hayvansa
boğulur kötü söz ırmağında

Muhabbet kuşuna bakma artık iyidir
bakmadığın çocuklar kadar güzeldir
bir daha yüzüne bakamayacağın kadar güzeldir
bu çocuğa güzel bakabilseydin
belki gözleriyle katılırdı sana
ya da her zamanki yerinde olurdu
sesi havada, gözleri uzaklarda...

Ona artık bakma
ondan bir güzellik değil
bir cümle ayrıldı sana
kızların babalarını kötü bırakmamaları
son bir iyilikle hatırlamaları için
kurmak zorunda kaldıkları bir cümle
bu cümleyi sen bıraktın ona:
—Büyümek zorundaydım sizin aranızda...

Avcıların ve beyazların arasında
eski hayvanların arasında
olmayan hayalleri yıkılanların
arasında, aranızda, aramızda
herkes büyümek zorunda

O dün büyümüştü, yine büyüyecek
belki başka ormanlarda büyüyecek
uzakta büyüsün biz tuhaf avcılarız

bizim tuhaf dertlerimiz, kederlerimiz var
kötülüğün saçmaları bizden dökülür
avcının tüfeğindeki küfür
başkalarının doldurduğu küfür
bir muhabbet kuşunu bile büyütür

—Bu kadar acımasız olabilir mi
bir muhabbet kuşu, ben ki suaygırıyım
herkesi taşıdım kendimden başka
bende herkes var kendimden başka
sen ey küçük kuşu muhabbetin
sen neden durmuyorsun sırtımda
yoksa konuk değil misin bana?

Çok üzgünüm bir suaygırı kadar
ağırım göç edenlerin arasında
bir suaygırının gözleri ne kadar üzgünse
öyle üzgünüm çünkü bu ormanda
artık beni de kattılar avcıların arasına...
...
Bildiğim gösterinin bittiğidir
alkol deniz, söz küfürdür
muhabbet kuşu özgürdür
aramızda büyüdüğü küçük hayata
eski bir hayvan gömülmüştür

MUHABBET KUŞU: *—Hadi yüzünü yıka!*
ESKİ HAYVAN: *—Yıkayacak yüz mü kaldı?*
SUAYGIRI: *—Bendeki biri üzer*
            bendeki çoğu üzülür...

1992

Aşk-ı milli

Ben aşkı senin ülkende aradım
senin içlerinde, sınırlarında sensizliğin
parklarında, sokaklarında, şehirlerinde
çıkmadım bir milim bile misak-ı milli
dışına, aşk-ı milli de istersen buna,
şurdan Balkanlar'a bile uzanmadım,
dese de "*Aşk en eski köprüsüdür Balkanlar'ın
en eski*" diye Cevat Çapan, ben aşkın berisinde
kaldım, atmadım Edirne'den dışarı bir adım bile,
sense aşkı bir yabancılaştırma efekti diye
görmek istediğinden mi ne bir türlü yetinmedin
başkentimizle ve genç cumhuriyetimizle
gezdin üstünde güneş batmayan imparatorlukları
oysa aşk bir cumhuriyet fikriydi bende
1930'lar, tek parti, "çıktık açık alın"la diye
çıkacağımız tek aşk olmalıydı fikrimce
o da bizim aşkımız olmalıydı elbette
olmasan da köy enstitülü kızlar gibi idealist
ve alnında alev alev yanmasa da o mefkûre
etek tayyör döpiyes dahi giymesen de...

Ah mine'l aşk ve mine'l garaib... değil
ne aşkın elinden ne gariplikten bu yolculuk
aşk sende çok gezdi bir Ankara oldu
bir İstanbul bir İskenderiye bir batı bir doğu
aşk dahi senden üzüldü aşk dahi yoruldu
çok uğraştım başkenti Ankara kalsın diye
aşkın ama olmadı sen yeni başkentler

buldun ve salına salına gezdirdin aşkı
bayrağın da varmış diyorlar ben görmedim
bilmem ki yurdu olmayanın bayrağı olur mu
bayrak açıp aşka davet olur mu
böyle böyle bir aşk göçü yaşattın ülkemize
çıktın seyran ettin frenk ilini
aşkları var bizim aşka benzemez
bir dış mihrak olup içten çökerttin
kimselere benzemezdim beni fena benzettin!

"Camdan kalp"

Boşluğun kazandırdığı bakış neye
yarar gözlerimizi doldurmaktan başka
ve yüz neye yarar doldurmaktan başka
maskeyi? Bunlar neye yarar?
Ben daha rüyada yüzerken, deniz
daha vücudumu gezerken, söz daha
dilimi ararken, cam içimde yüzüyordu,
kalbime ne zaman batacak, cam güzeli,
elde tutmaya çalıştığım her şey gibi,
zaman da parçalandı içimde, önce günler
geçti ardından zaman, kelimelerse
hiç kalmadı elimde: Gün günden
kırılan nedir öyleyse, neydi, camdan
kalp gibi kelimeler de cam ve daha
benden sana ulaşmadan sert bir havayla
çarpışıyorlar: Bu havada
insanın kanını donduran bir şeyler var
kuşboyu gündüzlerde dökülen
ve atboyu gecelerde çatlayan

Camdan bir zarf gibi herkes
görüyordu mektubumu da
kimse dokunmuyordu bir kelimesine bile
sadece kelimelere dokunsam, dokunabilsem
anlardım pulu diyordum ve mektubun olurdum,
sana yeni sokaklar geçen bir yolcu,
bir periye yeni kanatlar diken terzi olurdum,
her şey olurdum senin için, âşık bile,

yağmur, şemsiye, toprak, ağaç, kitap, sağır,
dilsiz, kör, yalnız, hain, cambaz, hırsız,
kalleş, kötü, yezit, şeytan, kervankıran,
havari, haydut, hatta şair bile...

Olamadım senin hiçbir şeyin
ne pulun olabildim senin ne mektubun:
Acı çektiğimde oluyordu bu sanki
ben değilmişim de ağrıyan bir başkası gibi
ben daha çok acıyordum seyirciyken
başkasının acısına, ve ne tuhaf,
gövdeden ve ruhtan başka bir şey daha var sanki
insanda, cam var, bazılarının kalbinde duruyor
gövde çürüyor, ruh parçalanıyor, cam yürüyor,
acı keyfini sürüyor: Beni
süren, kanatan da bu işte!
Her şey şimdi paramparça
her şey şimdi kan içinde
kırdığın cam kalbimde
kırık camdankalbimde...

Yağmursusuz!

Yağmurluydu gelişin, için de yağmurluydu, çok sevinmiştim
yağmur yine var ama senin için yok, sevgisizlik döküldü
üstünden, sözlerinden uzaklık yağdı nasıl biriktirmişsin
sen yağmurun altında bile nasıl oluyorsa böyle aşk
değil nefret yağdırıyorsun, bu yağmurda kalıp da
hiç ıslanmamak gibi bir şey, önce içimizi kurutur,
ikimizi kurutur, oysa yağmur alıp götürür diye
bilirim en fena şeyleri,ençokfazlainanılmaz kötülükleri
yağmur iyiliğe bir kapı açar da belki oradan
aşk sızar arkadaşlık süzülür yakınlıklar girer
diye boşuna beklemişim tıpkı yağmuru bekler
gibi beklediğim seni, çok üzgünüm çok, birlikte
yağmuru dinlemeyi umarken senin o yağmuröncesi
toprak kokan kahverengi sözlerini dinledim
bu yağmurdan iyi bir ikindi değil artık
sonunu getirdiğin aşkın külleri kalır
başıma yağdırdığın sözlerin külleri kalır
eğer ben de kül olmazsam yağmurunun sonunda,
beni sevmediğin için istemiyorsun benim de
sevmemi seni, bense küllerim savruluncaya kadar
yağmurluyum, yağmur gibi içindeyim aşkımın
bak saçların ıslak ne güzel keşke yüreğin de
bu kadar kuru olmasaydı, sözlerinden de kül değil
aşk yağsaydı!

Ben yine de oyumu yağmura veriyorum
Haziranlıyım, aşk şehrindenim ve yağmur partisindenim
keşke sen de sözlerine bu kadar kanmasan

keşke izin vermesen sözlerinin seni baştan çıkarmasına
keşke hiç konuşmasaydın da yağmuru dinleseydin
keşke kendi sözlerini değil yağmurun sessizliğini...

Yağmur yeniden başladı susuyorum, sen de...
çünkü yağmur şarkısını söylerken susmak gerekir
doğa da kutsaldır ve ona kulak değil yalnızca
yürek de vermek gerekir!

1995

Aşk için bir pul daha...

Bir pul daha var mektuba
mektup bir pul daha istiyor
mektubunu almadan daha
pulunu yolluyorum
pullarımız çarpışıp havada
birbirlerine giden mektuplar arada
düşmesin diye...
Ya da pullarımız çarpışıp gönülde ziyan
ve birbirlerine giden mektuplar fena
olmasın diye...
Fakat sözler çarpışıyor bu kez
söylenenler de
henüz söylenmeyenler de
sözlerin yarasını saracak
mektup nerede?
Sözler ki bazen bir puldan ince
ve öyle yorgunlar ki evvel evvelden
belki de birlikte
cümle olmak yerine
yaralarını başka zarflarda
saklamak için
yazılmaları bundan başka mektuplara...

Ben çok zamandır nice
seninkilerle çarpışmasınlar diye
birbirlerinden yaralanmasınlar diye
içime çekiyorum sözlerimi
fakat senin sözlerin genç daha

hemen söylenmeyi istiyorlar
senin mektubun da yeni
içi içine sığmıyor
ve zarfından belli
hepsinin de tazeliği...

Keskin bir kokusu vardır
genç sözcüklerin
çayır kokusu gibi
ovayı tutmak
vadiye yayılmak
havaya karışmak
isterler daha
ağızdan çıkar çıkmaz
yazılmak isterler aşka
bir aşk şiirinden
bile önce hatta
...
Benim de sana söylemek
istediğim çok şey var;
şey var, ben var,
her var, sen var,
eksilince 'biz' var,
ya sen 'biz'i bil de geç
ya sen 'biz' olmadan geç
'biz' seni anlamasak da daha,
çünkü bir pul daha var mektuba
sevmek kapısındayız fakat
bizim sende her kapımız kapalı gibi
biz kapıya razıyız

senin eteğin sayılır o da
ayağının ucu
ruhunun yolu
nefesinin gölgesi
mektubunun pulu
sen de içindeki kapılar açılsın için
dışındaki kapıyı yüzüme çatma
içindeki kapı içten açılmaz her zaman
bazen de dıştan açılır
mektubun zarftan açıldığı gibi
aşkın bazen pul yerine geçtiği
bazen pul olduğu gibi...
olur
senin kapın cümle kapısı değil
aşk kapısı olur

Bak işte güzel bir mektup kapısındayız
pulu içine atma
sözü içine at
aşka bir mektup yolla
geldim işte mektubuna
pulun olmaya!

28 Haziran 1995, İstanbul

Mektup, aşktan da acı...

Söz uçar yazı kalır
aşk uçar acı kalır

Eski acı postacısı konuşuyor:
Aşkı yırtarak kurtaramazsın
kendini acısından, ancak
mektubu yırtarak yırtarsın!

Aşk gibi acı da bir mektup
kılığında çok gitti geldi aramızda
mektup kalmayınca kurtuldum
aşktan da acısından da...

Tıpkı şiir gibi mektubu da
hem kendi yerime yazdım
hem başkalarının yerine, hatta
acının sahibinin yerine bile
yazdığım olmuştur, ki böyle
acı görülmemiştir desinler diye...
Ama acıyı hep kendi yerime...

İnsan aşkta şaha kalkar da
acıda şaha kalkılır mı hiç?
Acının yanında aşk
tay gibi kalır bazen...
Her şey geçer bir senin
acın hiç geçmez çünkü
...

Fakat mektup acıdır
mektup aşktan da acıdır
aşk bir kere acıtır
mektup iki kere
çünkü mektup aşkla değil
acı mürekkebiyle yazılır,
yazıldı, yazılıyor...
Ve insan sonunda
kendi acısının postacısı oluyor
aşkı kendisi yaşıyor
(kendi kendine yaşıyor)
acısını kendisi çekiyor
mektubunu kendisi yazıyor
zarfını kendisi kapatıyor
pulunu kendisi yapıştırıyor
damgasını kendisi vuruyor
mektubunu kendisi götürüyor
ve 'acının postacısı' oluyor
mektubuna cevabı da elbette
kendisi yazıyor hem
kim yazacaktı ki ondan başka?

Mektup aşktan da acıdır
benim acım aşktan değil
yaralarım mektuptandır!

Cep mektubu

Gönderen: Üzgün düğme
Gönderilen: O güzelim kırmızı
          pardösünün sol cebi

Sevgili vişne,
sevgili çingene,
sevgili kırmızı pardösü,

Koluna girmek güzel
kolundan tutmak da öyle
fakat bu lahza
iznin olursa eğer
cebine girmek isterim!
Ya unutursun cebinde
ya temizlersin cebini,
ben kaçıp ordan belki
girerim güzel gönlüne!

hamiş:
İki düğme bir cep
ben üzgün düğme
sen kalabalık cep
o kalabalıkta hep
bu üzgün düğmeyi
sakın yitirme e mi?

1995

Tercüme

Tercüme şart oldu eski gövdeye
yeni dilde anlamı pek kapalı
eskisinde bir kelimeyi giyinirdik de kat kat
yenisi mi cümlenin gözü önünde çıkar at!
Kelimeleri de küstürür gövde yoksul düştükçe
ve çok üşür bir virgül bile yok üstünde,
bir cümlede vücud bulamayan ten
ruh gibi kendinden geçmeyi de unutur...
Bir bilinse vücudun mahsustan çatıldığı
ve şakacı bir komşu gibi güldüğü ruhun,
şakası bile korkunç gelir gövdeye bunun,
şimdi tenden başka ne varsa gölge!
Ey ruh, eski fener, söyle ne zaman
açılacak denizin bu asri gemiye,
eski arkadaşlar gibi bir bir boğulan
kelimeleri çıkaracak ruh mu kaldı derinde?
Ruhumu durgun gördüler içdeniz gibi
ve gövdemi bir göle benzettiler, kapalı,
küçük kayığımı açığa götürdüler de
çöz diyorlar problemi, oysa havuz boş...

Gövde sahil olur mu hiç ruhunda yüzmeyene?

Aşk yaz, bir boşluk bırak...

Birinci Konuşma: BOŞLUK, AŞKIN KENDİSİ!

On yedinci Haziran'a

Aşk yaz bir boşluk bırak âlemleri sevindir
aşk yaz bir boşluk bırak biraz da geri çekil
vardır sınırı aşkın eğer ülkense senin, yok değil...
öyleyse önünde hürmetle eğil, aşk yaz dünyaya
bir boşluk daha... Ruhani, mecazi, cismani hatta,
aşk boşluğuyla aramızdaki üçüncü kişi gibidir
böylece aşk gelir cümle eksilir, içimiz üçümüz olur,
iç içe, üç üçe, ikinin fazlalığı aşkla giderilir,
bir, kışkırtır, iki, uçurur, üç, yatıştırır, bundandır
her aşkta aslında üç kişi olması, biri kendisidir
aşkın boşluğu bile dolu gibi gelir,
diğerleri biziz sık sık değiştirir aşk bizi
bazen birimiz fazla geliriz, bazen ikimiz az
kendimize söz geçirebilirsek Tanrıya yalvarırız:
Sevgili Tanrım lütfen bizi yetindir!
Sayın diyen de var Tanrıya, bunların hepsi şair!
Aşk şiiri olduğu için bu şiir, aslında hangisi değil,
ve bizi aşka bağışladığı için yine bağışlar diye,
sayın yerine sevgili dedim ona bir dizeyle
daha önce de selam yollamıştım, *Cennette
Her Mevsim* dergisinde yayımlanır umarım:
"*Tanrı elimden daha sıkı tutsaydı şiir yazmazdım!*"
niye böyle dediğim de sık sık soruluyor bana,
bilmediğim için diyorum, tek bildiğim Tanrının
elimden pek sıkı tutmadığı, şiir yazayım diye belki de,
beni sevdiği için, ama her zaman yardım etmiştir bana,

kendisine bir gönül, bir şiir, bir de aşk borcum var,
son borcumu ise asla ödeyemem, bin borç bir Nar!

Nar der demez daha yaz geliyor sesime yazlar
yazını buldum, erguvanlar, laleler, hülyalı bahçeler,
dalgın ikindiler, kıpır kıpır avlular, çingene bizzat bahar,
ah eski içim olacaktı nasıl ağırlardım hepsini,
eski içim; içigenç, içitaze, içiyeni, içiiçine, içiçok,
bahçesi, avlusu, balkonu, terası, taşlığı, ikindisi,
içim yok yine de neden bilmem sesim hâlâ güneşli,
sabahları erkenden uyanıyor harflerim benden önce
ve senin yüzüne bir hurufi güneşi gibi yazıyorlar Haziran'ı,
harflerim benim yerime yoksa ben mi onların yerine
yazıyorum ve hep ben kazanıyorum göğün içkisini,
sonra çiçekleri suluyormuş gibi bir serinlik çöküyor
sesime, o zaman güneşte yıkanmış hangi harf varsa,
güneş denizinde yüzmüş derdi babaannem olsaydı buna,
şiir bizde aileden biri, ben de şair olduğumdan değil
bir mirası korumak için sürdürüyorum bu geleneği,
şiirle yıkandıktan sonra yani yazının düzüne çıkıyorlar
kurulanmak için, tuzlayanlar da var ama ben onlardan
değilim, hem adalı değilim hem ada duygusu da yoktur
bende, yine de kendimi melez gibi hissederim, uyruğum
göçmen mezhebim melez, ne ülke ne bayrak ne din,
kafiye sayılsa da yazacağım: ne nefret ne düşmanlık ne de kin
dünya seni anadan üryan bir ruhla çırılçıplak geçerim,
iyi de ben bu dizeye niye geldim, hangi rüzgâr attı beni
aşktan buraya, sanırım boşluğa biraz erken geldim
oysa *sonsuzluk ve bir gün* sürecek bir şiirdi yazmak istediğim,
o bir gün ne kadar sürerse şiir de öyle sürsündü işte,

belki boşluğun kıyısına kadar götürürdü bu şiir beni,
denize hiç gitmeyen şiirim boşlukta bir deniz bulurdu belki,
boşluk denizinde yüzüyorum derdim ben de şiirimle birlikte

İnsan zamanla bir kaç ses birden kullanmayı öğreniyor
güneşli, serin, ıslak, yağmurlu, rüzgârlı, nemli,
aşk yaz bir boşluk bırak bak bu çok önemli
bir daha yaz: aşka inanıyorum her zaman
inandım bu kadardır aşk! Bunu hiç kimseye söylemedim,
hem yine söylüyorum sayılmaz, görmeseydim
gsm operatörünün sevgililer günü ilanını gazetede,
ilanın dipnotundaki kampanya koşullarında okudum bunu:
"Aşk yaz bir boşluk bırak...", şiir gibi değil mi?
Her zaman öğütlemez mi şair atalarımız, dipnotları
okuyun şiir orda saklıdır ve şiir aslında dipnotlardan
ibarettir, diptedir yani, bazıları bunu derinlik diye anlar,
bazılarıysa onları çöl vakitlerine saklar, insan çöle gitmez
çöl insana gelir, bunu en iyi şiir bilir, çünkü şiir de çölden
çıkmıştır, evi çöldür, sonunda evine döner, bu yüzden
şiire de sık sık 'çölüne dön!' denilmiştir!
Aslında bu kadarı da yeterliydi, aşk var, boşluk var,
hem kısacık hem çok uzun hem sıkı hem yalın
hem de okura bir boşluk bırakıyor uzuuuuuuuun mu uzun
geniş mi geniş yoğun mu yoğun, beni burda durdurun...
İdil'e söyledim bunu, 'iyi buluş' dedi, 14'üydü Şubat'ın,
ben hakkımı On yedi Haziran için kullanırım 17 yıldır,
dize kurmada işçiliğim zayıfsa da ve sıkıcıysa da şiirlerim
dağılıp gidiyorsa ve toparlayamıyorsam bir türlü gitgide
uzaması da bu yüzdense şiirlerimin son yıllarda, yine de
eski reklam yazarı olduğumdan sanırım fena değildir

buluşlarım ve kelime oyunu yapmakta üstüme yoktur
benim de diğer reklam yazarı şairler ve adayları gibi,
bunda ne var bunu herkes yapar ben de övünmek için
söylemedim zaten şiirimle hiç övünmem okurluğumla
övünürüm: çok iyi okurum! Ve sevincimin yarısı şundan,
diğer yarısının sebebini bilmiyorum, belki bulurum
şiirin sonuna kadar bir sebep daha, yarım değil ama,
yarım başka yarısı başka, benimki sevincin yarısı:
Şu lirik ırmağın akışından kurtarabilirsem biraz gönlümü
ve yıkarsam sesimi gidip uzak epik, hepepik bir şiirde,
yazacağım ben de gazete haberlerinden, ilanlarından kapıp
gözümün içine bakan sözcükleri, başlıkları değil hayır,
öyle kıyıya köşeye atılmış ve dipnot puntosuyla yazılmış
aşk gibi önemli değil boşluk gibi önemsiz şeyleri,
yine de alamıyorum kendimi, liriğe en yakın
epik bir cümle seçiyorum başlamak için şiire,
belki de bir şiirin son dizesi olmalıydı: *"aşk*
yaz bir boşluk bırak", geçer! Ya geçmezse,
şiir yalnızca bu dizeden ibaret olmalıydı,
tıpkı aşktan ibaret olduğu gibi... şeyin, neyindi?
ya da boşluktan ibaret olduğu gibi aşkın, evet,
aşk yazıp bir boşluk bıraktıktan sonra söylenecek,
yazılacak, uzatılacak ne kalmalıydı, hiçbir şey!

—haydar abi su geldi!
—haydar abi düğüne yetişmem lazım!
Şiire mi, sözcüğe mi, dizeye mi
yoo yo eve geldi su ben bu şiiri yazarken
"canlı şiir" olsun diye onu da aldım buraya
bir dış ses olarak, hem şiir ferahlasın biraz

hem de okuyan soluklansın serinlesin
ne bileyim kalkıp bir bardak su içsin
pencereden baksın, sizin karganız yok mu
bizim var, pencerenin önüne geliyor, Ahmet
diyor ona Nar, kuşlar prensi, siyah şiir,
ve *Kuzgun* itibarı kazanıyor şu bizim Karga Ahmet,
karga deyip geçmeyin simsiyah bir zarafet,
Nar da büyüyünce denizkızı olacakmış,
şiir bahane, o kadar da küçümseme, vesile
de bari, "canlı şiir" fena değil aslında
"naklen şiir" de diyebiliriz buna, neydi o
fransız örgütü, "action direct", bu da "poesie direct"
olsun öyleyse, 'doğrudan şiir', 'dosdoğru şiir',
'yaşam için şiir', 'anın şiiri', yıllardır yazdıkların
Ankara'da Gençlik Parkı'nın önünde
çektirilmiş bir 'şiir hatırası' gibi değil mi?
Sanırım nihayet günümüze geldin, gelmesine de
galiba bu uzun yolculukta şiiri yitirdin!
Bu şiir de onun bir parçası olmalı, yaza yaza
şiiri bulmak için mi bunca uzatman, evet öyle,
dürüst olmak gerekirse bunu söylemeliyim,
başkaları da söyleyebilir de, şiiri yazan kişi olarak
ben daha yazarken söylemek istedim...

–*Haydar abi su geldi!* dizesi hâlâ kulağımda,
ve 'yoo yo eve geldi su' deyişim de, eski Haziranlar
olsa, yaza geldi, Haziran'a su geldi de derdim ya
bir dokunsan Nisan olacak Haziran'a su niye
gelsin, zaten Nisan-Eylül kırması gibi bir şey olmuş,
Haziran'ın Haziran olması da azizim on yedisini bulur,

rakamla 17 yani, şiirin alınlığında yazıldığı gibi: yine,
bir daha, hep ve her zaman gelsin, zira on yedincisidir
kutlanan şiirde, kelimelerde, evde ve kalplerde, şiirin
başlığı yeterli bir fikir veriyor sanırım on yedi hususunda,
o gün hiç bilmeden aşk yazıp bir boşluk bırakmışız meğer,
bir boşluğa da bırakmışız denebilir, aşkı yazıyoruz hâlâ,
aşkı yaşıyoruz hâlâ, yazmak ve yaşamak, boşluk olmasaydı
farkına varmazdım bunca yakın olduklarının, boşluk olmasa
aşkın da farkına varmazdı insan, şair değilim arkadaşlar,
o yüzden şair sözü değil bu söylediğim, yalan da değil yani,
boşluk ne kadar büyürse aşk da o kadar sürüyor, ki
en güzeli de aşkın komşusu olan boşluk, aşkın çocuğu,
arkadaşı, aşkın aşkı, sevgilisi, askeri, öncüsü, gerillası,
uzaklığı, sınırsızlığı, aşkın okulu, öğrencisi, hocası, annesi,
bana kalırsa 'aşkın şiiri' demek en iyisi boşluğa, çok güzel
oluyor bak, *boşluk: aşkın şiiri*, galiba bu kadarı yeterli
bana sorarsanız hiç uzatmadan *boşluk: aşkın kendisi*
(şimdi genç şair olsaydım, eski genç şair ama
nasıl da oynardım sözcüklerle tersinden düzünden
canını çıkarırdım da hepsinin bir daha
roman kadar uzak geçerlerdi benden:
Aşk: boşluğun efendisi derdim
üstelik bir de bunu beğenirdim!)

Geldiğim yer, *boşluk: aşkın kendisi*
hem zaten şiir de aynı şey demek değil mi
şiir bir şeyin kendisi demek
bir şeyin imgesi de bir şeyin kendisi demek
öyleyse şiir boşluk aşk
üçü de aynı şeyin hem kendisi hem imgesi

nasıl oluyor demeyin bilmiyorum yalnızca inanırım
hayatta ve şiirde en çok rastlantıya hatta tesadüf
deyince daha çok inanasım geliyor sizi bilmem
–şu araya da küçük bir felsefe mi sıkıştırsam:
bir aşkta mektup yoksa o aşk sayılmaz
ne zaman ne mesafe ne boşluk, biri varsa
diğerleri de olur ve aşk bunlarla olur
ezcümle zarfsız da olur ama bir aşkta mektup şart!–

Aşk yaz bir boşluk bırak sonra ... sonrası zor
dünya çoktur aşk ile boşluk arasında gidip ....
aşka düşmek de var ipin ucunda boşluğa ....
düştükten sonra ikisi de bir deme aşk yoksa
boşluğa da düşülmüyor, belki de aşk o zaman
aşk oluyor, belki de aşk böyle tamam oluyor, belki de
aşka düşmek yetmiyor onun kuyusuna onun içine,
içççine, çinine, dip derin bukağı yokuş iniş dik
kuyu dedikleri yokuş olmalı, dip dedikleri de dik
zıtların ne birliği ne de ikiliği üç olsa aşk olurdu
üç olmak da var aşkla hiç olmak da ya üç ya hiç
hiç de hep sayılır siyah da öyleyse yokuş da kuyu
yoksa... yoksa... çözüyor mu şiir bir problemi daha
çözüyor çözüyor Tanrım gözü açıldı şiirin öyleyse
aşk da boşluk hangisine düşsen ötekine çıkıyorsun
hangisinden düşsen düşmüş oluyorsun ötekine de,
bu şiire kadar hiç böyle düşünmemiştim deme,
bu düşünülecek şey değil adamım, kızım, sevgilim,
bu yaşanması gereken bir şey, başından değil yalnızca
başından sonuna, sonundan başına gidilip gidilip fakat
asla gelinemeyecek şey, hem nasıl gelinsin ki aşka

gidip geleni gördün mü hiç, giden gelmiyor dedikleri
aşktır, çünkü diptir düşersin başın döner mercandan
aşka dalanlar bilir, dibe dalmış dibe vurmuş da olabilir,
bir hazine gördüğünü sanırsın, aşka dal, dalgını ol
aşkın gözleri güzelleştirmesi böylece gördüklerindir,
bazen duyduklarından bile güzelleşebilir
insanın gördükleri, göz bizim insanımız gibidir
biz nasıl insanıysak Allah'ın, göz de bizim için öyledir,
gözüm, kuzum, canım, ruhum, cem olmuş kardeşlerdir,
çöle doğru bir yolculuk başlayacak şiirde hissediyorum,
develerin ayaksesleri gibi yaklaşıyor bazı dizeler,
öyleyse kendimi aşkın bedevisi ilan etmemin tam yeridir, burası...
boşluk: şiirin çölü yani, Berberiler, Tuaregler, Atlas yüzlü
kadınlar ve burunlarını ve öfkelerini ve suskunluklarını
dağdan ödünç almış atlas adamlar... Bilmem ki bazen niye
süs gibi kalır aşk bazı adamların ve bazı kadınların yanında
cici bir şey gibi, şehirli, burnu üşümüş, saman nezleli
ve bazı fotoğrafların karşısında ve neden rüzgâr
ekmesi gerekir bazı sözcüklerin bir şiire, ki
oradan fırtınalı bir aşka çıkılsın: mahşer, at, kızıl, kanat...
"Beyaz atlı şimdi geçti buradan" Cem Karaca'dan
ve *"rüzgâr kanatlı atlılar gibi geçti hayat"*...

İnsan aşk yazıp bir boşluk bırakmaya görsün bir kez,
aşkla boşluğun aynı şey olduğunu ve Edip Cansever'in
"Şiirle Düşünmek" dediği şeyle de aynı şey olduğunu
anlar bunun, ben de bu şiiri yazarken düşündüm bunu,
şiir düşündü bile diyebilirim hatta,
evet, şiire göre de aşk boşlukla aynıdır kuyuyla yokuş,
içyüzü dışyüzü bile değil, içiçe, aynı şey, ne kardeş

ne ikiz ne de birbirlerinin yerine geçen, söylemiştim:
Birine düş, diğerine de, birinden çık, diğerinden de...

Bu bir konuşmaydı, birinci konuşma, susamış gibi
harflere çok konuştum şimdi bir lirik şiir arası...

Birinci lirik şiir parçası: MEKTUP
Seni kitap kadar seviyorum.
Sen olmayınca deprem bile olmuyor şehirde.
Senin gözlüğünü taktım, camdan gökyüzüne
baktım: Teşekkür ederim beyaz bulutun için.
Sevgilim bana mektup atacak,
kalbim onu tutacak.
Sen bana bir kaç plak al, eski
zamanları çal: Ortaçağ, Gregoryen, Endülüs.
onlar bize ney'olur, onlar bize iy'olur,
sen gelince "uyan ey uykusu çok gözlerim" olur.
Sen gelince taksim geçeriz, sen gelinceye kadar
semai olurum ben de, işrete hacet yok
sazda, sözde, mecliste.
Seni özleyince kendime geldim.
Çok özleyince kendimi de unuttum,
özlemin oldum yalnızca.
Türkan Şoray şarkı söylüyor eski filmde:
"Seni sevdikten sonra ben ziyan oldum."
Şarkıdan mülhem ben de söylüyorum:
Ziyanı yok, seni seviyorum.

(Boşluk sürüyor...)

İkinci Konuşma: AŞKTAN UÇTUĞUMDA...

(Birinci konuşmanın özeti:
Kadın aşkı bitirdiği için geceye çıkmak ister,
yitirenin de bitirenin de sokağı gecedir,
fakat çıkar çıkmaz geri döneceği bir boşluk arar,
çünkü adam bu kez de gece olmuştur.)

İnsan artık her şey olabilir, hem kendisi
hem kimsesi... Bu çok 'şiirsel' oldu hatta
daha da beteri biraz 'felsefi' en ucuzundan,
bilin ki şairler yapıyorsa bunu pek ucuzdur
'ucuz roman'dan daha kötüsü 'ucuz felsefe'...
Şöyle demeli dizeyi yeniden kurarak,
insan artık her şey olabilir, hem kendisi
hem rakibi... Eh bu da çok 'klişe' oldu gibime
geldi ve gitmiyor bir türlü, çünkü diyalektik
diye böyle şeyler söylüyorlar çoktan
sanki herşey iyi-fena, beyaz-gri...
Bunları boşver, ama dur, galiba sufiler de,
yani sufiliğin 's'inden başlayarak yazılan
bazı kitaplarda buyurulduğu gibi hayli dünyevi,
demek ki hızla sona yaklaşıyoruz,
demek ki dünyada artık yapılabilecek hiçbir şey
yok, belki de hiç yoktu, hiçbir zaman olmamıştı,
belki de kalmamıştır, tükenmiştir olan ne varsa!
Aşk bile sanki bir cümlenin çocuğu, bir dizenin kızı,
niye cümlenin oğlu yazmadım da çocuğu yazdım,
cümle başka, dize ayrı, ama ah o gen yok mu o gen,
var işte, cinayşe diyecekken tutup cinali dedirten...

Aşk bile sanki bir cinnetin çocuğu, bir deli,
bu şiir yeri değil ama biri mutlaka söylemeli:
Batıyoruz batıyoruz her şeyin sonu geldi!

Tanrım sonunda ben de mi buraya gelecektim
ve bir şiirimde uğursuz şeyler söyleyecektim
ben ki dünyadan ve herkesten ve kendimden
korktuğum için iyi görünen ve şu dünya pazarında
iyilikle geçinen beceriksizin teki, yine de kutlarım
kendimi şu yaşa kadar fena götürmedim bu iyilik işini
bak eline yüzüne bulaştıranlar var ben idare ettim
evet kendimi bile inandırdım sanırım bu huyuma
en fenası da insanın kendini iyiliğine ikna etmesi
tıpkı kötü de olsa bunu da bir şiir sandığım gibi,
yazılıyorsa şiirdir, olunuyorsa aşktır gibi sıradan
ve sözüm ona bir hiçlik felsefesinin cümleleri,
ah şairler, 'insanoğlu babasızdır' diye Ece Ayhan
'piç'liğin şiirini yazdı, şiirin de 'piç'liğini aslında,
sonradan uzatmalı deliliği oynayanlar, ki hepimiz
yani ipliği pazarda kişidir şair dediğimiz
ama hiçlik, piçlik, içlenme, hiçlenme, ne kadar
oyun üstüne oyun, oyun içinde oyun varsa
yapılacak, kullanılacak bu sahnede hâlâ
yapıyoruz ve yalnızca şair adaylarıyla
şiir adaylarının gözünü boyuyoruz zannımca...

Yavaş yavaş dönsem iyi olacak galiba
ben nereye dönebilirim ki, hah bu soruyu
sorduğuma bakılırsa şiire dönüyorum demektir,
yani rüzgâr alan ne varsa, yeriyok, gidici,

şimdi buradaydı ne zaman gitti bu kadarmış
meğer şiirin ve aşkın bendeki misafirliği,
bak bunu hiç unutmadım unutulsam da ben
her yerde aşk her yerde şiir bilmem ki nasıl
bir konfor bu, nasıl ve sonsuz bir rehavet,
gittiğin her limanda aşk, şiirle halvet,
kalktığın her masada şiir, denizci olsan daha iyiydi,
şairlerin kendini romantik saymasını da sanmasını da
anlıyorum, olsunlar o da lazım bu dünyaya,
galiba romantiklerin asıl çağı şimdi geldi,
çünkü şiire, aşka ve anglosakson kritikçilere göre,
hayret üçünün de ilk kez haklı çıktığı bir durum var,
zira romantizm edebiyata biraz erken gelmişti,
romantik çağ, ki şiirle anılır, erkenin de erkeni,
evet şairlerin çoğu göstermeseler de, hatta
korksalar da öyle bilinmekten, hadi övünün şairler,
sizin şiirleriniz değilse bile atalarınızın ruhu yeter,
onlar ki hem romantik hem şair hem öncü hem devrimciler
şairin kendini, öyle ya da böyle, red, isyan, muhalif,
devrim ve benzeri kelimelerle anlamlı kılması ve
bazen de Mısır'da toprakları olan dedelerimiz gibi,
bir devrim mirasına konmaya hazırlanması bundan,
ve yine işte bundandır Ece Ayhan'ın yanılması,
hani o çok sevdiğim Ece Babanın, Ayhan abinin
ya da Ece'nin, her neyse o da aslında sezmişti son
zamanlarda, şiiri tarihçilere, tarihi şairlere bırakıp
hatta kendine etikçi bile demeyip, sahi Ece ne
derdi son zamanlarda kendine, galiba demezdi bir şey,
galiba diyecek bir şey de kalmamıştı, her şeyi anlamıştı,
bunu anlamayı da sanırım bize bırakmıştı, anlatıyorum:

Leş kargası olanlar ne okurlardır ne de eleştirmenler,
leş kargası olanlar şairlerden başkası değildir!
Şair dururken başka yerde leş kargası aramak,
beş okurla üç eleştirmeni suçlamak Ece babaya da
yakışmazdı doğrusu, o yüzden şimdi yapıyorum
bu tarihi düzeltmeyi: Ece baba hepimizi affederse
beni de arada affediversin, iyiliğin sonuna geldik!

Bunca dize yazdım da aşka dönemedim
şu şiirin başından beri, şiire dönmeliyim belki de
o zaman aşk gelip bulur beni belki de
ve her dizeyle aşk beni kalbimden vurur,
üstteki dizeyi de 'belki de'yle bitirseydim
acaba arabesk tınısından kurtulur muydu dize,
bilmem ki ne söylesem ne yazsam boş artık
galiba bir zaman aşktır, şiirdir bende böyle
sürecek ve tıpkı şiir de aşk gibi uykusu gelince
oracığa kıvrılıverecek, devriliverecek, deliri-
verecek mi bilmem, deliri ver deliri ver deli
river, işte bizim şiirdeki deliliğimiz de bu kadar,
sözcükleri ikiye, üçe bölüp o da tesadüfen
bir kaç da tekrarlayınca sanki değil mi değil mi
değil mi delirivermiş oluyoruz gibi, bu hiç olmadı!

Şimdi buraya bir şiir yapıştıralım
üstüne de, hayır içine de demeliyim bir kaç kelime,
yeri gelmişken söylemem gerekiyor, şiir ile yazı
elbette olmalı ikisinin birbirlerinden biraz farkı,
kelimeler yazının üstüne yazılır, yazılıyor,
şiirinse içine yazılıyor, galiba yalnızca biçimsel

bir fark değil bu, bana kalırsa benzerliklerinden çok
niye benzemediklerinin hakiki, içsel ve sıkı bir kanıtı,
böylece şiirin neden içimizden geldiğini de
yazının şart değilse de neden dışarlıklı olduğunu da,
yazıyla yazanın arasındaki mesafenin yazdıkça
kapanacağına yazdıkça neden açıldığını da,
ve evet bazı şiirlerin, hele onlar benim yakında taşacak
şiirlerimse, işte onların, yani sözcüklerim, harflerim,
virgüllerim, dizelerimle dolu birer kuyudan başka
bir şey olmadığını bu şiiri okuyanlar çoktan anladı da,
bilmeyenler, okumayanlar, benden hâlâ şiir bekleyenler için,
buradan onu da duyursam iyi olacak: şiir kuyudur!
Eskiden şiir koyudur diye düşünür, öyle yazmaya çalışırdım,
sonra gevşedim, koyu ve sıkı olacağına şiirim,
kuyu ve sıkıcı oldu eh ben de şiiri azad ettim!
Bu benim azad olmuş şiirimdir,
özgürlükle çarpılmıştır, avarelikle yorulmuştur,
belki asıl bundan sonra sivil ve başıbozuktur!

Harften, virgülden, kelimeden şiire dönemiyorum,
dizeyi filan çıkardım aramızdan görüyorsunuz
ya sabır ya şiir ya tahammül ya aşk
şiire dönmek istiyorum şiire dönmek istiyorum
yanyana gelmemiş sözcüklerin yanında ölmek istiyorum
yanında olmak yazacağıma yanında ölmek yazdım
yoksa yoksa Allahım neden benim şiirlerim
kimseyi sarsmıyor sarsamıyor diye mi böyle yazdım
neden Allahım neden bir görsem ölmeden
herkes sarsıla sarsıla sarsılsa benim şiirlerimden
hadi sarsmayı bıraktım mırıldanmalarım da duyulmuyormuş

demek ki ben sussam tehlikeli değil
konuşmasam hiç ayıp değil yazmasam sevap
kazanacağım belli ki hatta cennet filan belki de şimdiden...

Neyse bu laflarımın da Allahın ağrına gitmesini istemem
olacağı varsa olmaz olur sonra ve doğrusu
bir şiir yüzünden mahrum olmak da istemem cennetten
hem cennetin yanında şiir ne ki!

Tamam madem ki bu bir aşk şiiri
öyleyse işte bu da bu uzun konuşmanın gereği:

İkinci Lirik Şiir Parçası: TUZU ÖZLEYENLER İÇİN
"Birbirimizin kıyılarına çıkar gibi
birbirimizden kıyıya çıkar gibi
seviştik o gün iki kazazede
belki de tuzlarımız sevişti birbiriyle
biz sanki iki deniz eskisiydik o gün
ve bir daha karayı göstermemek üzere
istersen iki denizkızı gibi seviştik de buna
istersen ölü bir balıkçı ve gözütuzlu siren
ve su yerine tuzunda boğulur gibi tenlerimizin
bazen de tuzunda yeniden doğulur bir sevişmenin
ruhumuz bile tuz içinde kaldı
tuz yalnızca tene değil ruha da gerekebilir
ruhu odasından çıkarabilir
bir başkasının adasına indirebilir
bir başkasının denizinde gezdirebilir
bir başkasının akşamında bahçe
bir başkasının avlusunda gölge

bir başkasının güneşinde aşk
bir başkasının yolculuğunda kılavuz
bir başkasının dilinde tuz...
Sevişmek kıyıya çıkmaktır belki de
kıyımızdan başka da çıkacak, inecek
yerimiz de yoktur bizim belki de
ruh adadır ve ten kalır derinde..."

...

Şiiri baştan alırsak şöyle dememiz gerekir:
Oysa gece değil karanlık ister aşk
madem ki bu şiirin zamanı gece
ve aşk bir gecesi olsun istiyor hâlâ
kavuşmalardan da olsa ayrılıklardan da
aşk çizgili bir defter gibi yeniden
başlamak istiyor kendine ilk kezmiş gibi
hiç olmamış gibi hatta adını bile
değiştirmek istiyor belli ki, bazen
adını değiştirmek ister insan da
yalnızca küçük kızlar değil yani,
bir aşktan sonra yeni bir adı olsun ister
bir aşkla yeni bir ad verebilir kendine
versin, hem her şey biraz da bir adlandırma değil mi zaten
yoksa niye şiir yazıyorum ki
yoksa niye âşık oluyorum ki
yoksa niye çocuk çizgili defter ince defter hevesler
ve en çok da bu sonuncusuna benzer şeyler...
"Adlandırmak aşktır", kalkıp bakmayacağım şimdi
ya böyle demişti İlhan Berk ya da ikincisini
"Adlandırmak şiirdir", eh hangisini demişse
diğerini de demiş oluyor zaten, tekrarın güzelliği,

şair yazar, tekrar güzelleştirir!
Hadi gel birer ad verelim birbirimize
içimizdeki adları değiştirelim,
içimizdeki eski adları yenileyelim,
aşktan sonra da bir adım olsun benim, yeni mi yeni
ayrılıktan sonra da başka bir adım olsun, eskisinden de beter
aşk için hiç kimsenin bilmediği enyepyeni bir ad
ayrılık için hiç kimsenin hatırlamadığı enepeski bir ad
ve anladım ki bu şiirde kimlik denetimi değil ama
benlik denetimi şart!

Kendimi değil bu yazmakta olduğum şiiri
okyanusu geçmekte olan bir uçak gibi hissediyorum:
"Kaptanınız konuşuyor sayın yolcular
uçuşumuz hakkında kısa bilgiler vermek istiyorum!"
uzun yolculukta uzun sessizliği cansıkıntısı gibidir
uçağın sivrisinek vızıltısı gibi bir ses biteviye bite
viye ara sıra motorun sesini duymak ister insan
onların çalıştığını, yüzünün güldüğünü, konuştuğunu,
birbirleriyle şakalaştıklarını ne bileyim kızlardan değil ama
kuşlardan filan konuştuklarını aşağıdaki mavinin tonundan
balıkçılardan teknelerden transatlantiklerden nice denizlerden
hatta arasıra cansıkıntısından onların da esnediklerini
ve ağzını kapatmak gibi bir adetleri olmadığı için
yirmibirinci asırda şu jet motorlarının
neredeyse çenelerinin çatırdadığını filan...
Tik tak tik tak saat gibi duymak istiyorum!
Trum trum trak tiki tak jet hızıyla uçmak istiyorum!
Sanki havaalanlarındaki gazeteler farklı olur,
daha güzel, daha dolu, daha değişik, hiç görmediğim

gazeteler ve orada yazılanlar orada unutulur!
Göğün yolcusuyla göğün güncesi arasında bir küçük sır
göğün şiiri bulutlarda, göğün harfleri ufuklarda
ve göğün aşkları göğün sisli kasabasında kalır!
Malatya'nın kayısısı da sanki gökyüzünde yetişiyor
ve Malatya'nın havası aslında yukarda masmavi
bunları düşünerek göğüne çıktım Malatya'nın
sanki hep yolculuklar da öyle sayılmaz mı,
şehirler, semtler, sokaklar ama en çok odalara ulaşmak
masalara, yazılara, şiirlere kavuşmak için
insanın kavuşması şükür yerine de geçiyor sanki
ve o gün yanımda iki ölüyle geldim uçakta
gerçi onlar benden önce bitirmişti yolculuklarını
İstanbul Barosu'nun iki vefat ilanı gazetede yanyana
biri Didem Madak için verilmişti, o fındık gibi kız için
duyar duymaz Malatya'da öğleye doğru, erkenden gittiğini,
attım kendimi Pazar gününün sıcak uykusundaki şehre
ve dedim ki kendi kendime hem söylenip hem yürürken
'asla şiir yazmayacağım bundan sonra yitirdiklerim için
niye şiir yazıyoruz ki sanırım en kolayı bu olduğu için'
diye diye Didem'le konuştum saatlerce Malatya'nın
                              Pazar gününde
sonra da bunu yazdım, Didem ölünce ne yaptığımı yani,
defter o günün siyahı, harfler o sıcağın harfleridir:

İKİ SİYAH GÜNLÜK
"Amy Winehouse öldü, bir arkadaşımdan çok
hiç tanımadığım birinden çok öldü
evin kızı öldü sanki, babasının gizli gizli sevdiği
fakat sevgisini belli etmediği hiç Amy

annesi de ondan önce ölmüş bir kız gibi öldü
eski sevgilisi ölür ya insanın, ölürmüş, benim hiç
ölmedi, ama ölmeseydi hani yeniden sevgili olunacakmış
gibi öldü, bir 'olanak' olarak öldü, Cemal Süreya böyle mi
yazardı tanısaydı Amy'nin ölümünü diye yazdım 'olanak'
sözcüğünü buraya, Amy de sanırım bir 'olanak' arıyordu
kendine, hepimizin bazen olmayan bir Cemal Süreya
şiirini aradığımız gibi, bu çok hoştur, insan üzülür: niye yoktur
şu hususta bir Cemal Süreya şiiri diye, yine de arar, sanki
yazıp bir köşeye saklamıştır da Cemal abi, biri çıkarıp
veriverecektir oradan o şiiri, ah o şiir, ah Cemal abi!
Ne söylesem çok, Amy öldü Didem de öldü, kayısı vakti,
trenlerin Malatya koktuğu en ünlü Edip Cansever şiiri,
Malatya bu sabah öğleye doğru kokuyor, bazen ikindinin
yalnızca yaz kokması gibi, bunlar güzel ama Malatya
ergen Anadolu kokuyor, yeni Anadolu gibi yüzü sivilceli,
Didem öldü, onun için şiir yazmayacağım, yürüyeceğim biraz...
...
İki saat kadar yürüdüm Didem'le Malatya'nın Pazar gününü
onu andım, onu düşündüm, onu güldüm, onun için de su içtim,
kimseyle konuşmadım, Didem'le de kendimle bile yolumu
                                                          yitirmedim
yol sormadım kimseye, vitrinlere bakmadım, kayısı almadım,
hiç olmayışına aldırmadım yolda kitapların, Didem Madak öldü,
fındık gibi diye aklımda, gözümde, gönlümde kalmış hep yüzü,
gülüşü, yürüyüşü, söyleyişi, susuşu, sonra ceviz de olduğunu
                                                              gördüm
bir-iki kez, sevindim, fındığın kendisinden ceviz olmasını
                                                            beklemeyişi
gibi, olunca hem daha içli hem de daha dışlı ve böylece daha
                                                               yarayışlı,

o kız işte, asıl adı bence 'füsun' olan, olması gerektiği gibi olan

o hayranlık verici ve büyük şiirin yazarı olan kız, şairi demek fazla
gelirdi ona, sahibi demekse fena, o büyük şiirin diyelim yeniden
arkadaşı, yoldaşı, sihirbazı hatta olabilir, öyleydi de, komşusu,
ablası, kızkardeşi demek de çok yakışırdı sanki o şiire ve ona,
onu, uzakta, Malatya'da yitirdim, bu harflerle andım ve dedim:
Böyle analım birbirimizi, onun anısına yürüyelim sözgelimi,
öncekinin anısına su içelim, geçen yılkinin hatırına susalım,
geçen yaz giden için bir ikindi parkındaki havuza bakalım
onun içinde kuru bir balık gibi çürüyen güzelliğine yaprağın,
biz sizi işte böyle sevdik demekten daha sahicidir sanırım
böylesi, gelecek ay gökyüzünde saklayacağımız ahbap için
şimdiden ya uzun uzun konuşmaya duralım ya da uzun uzun
susmaya... Didem öldü, iki 'Füsun' arasında şiiri büyüyor,
Füsun anne Füsun kız arasında hem küçük bir kız gibi
ölmedi mi Didem de, evin değil de sanki balkonun kızı gibi,
hiçkimsenin kızı gibi, ya da iki 'Füsun'un kızı gibi hem annesinin
hem kızının kızı gibi... Amy ise çok eski bir anı gibi öldü
sanki görüşecektik yeniden ve temizlenecekti Amy
güneye filan gidip sözgelimi, güneye gitmek temizlenmenin
türkçesi,
o yüzden hep sevindirici, hep 'sen ne zaman gidiyorsun
güneye?' demeli,
evlenebilirdik bile Amy ile elbette boşanmak üzere
ne yazık ne yazık ne yazık ki Amy beni önceden terk etti
hiç tanışmadan, görüşmeden ve bütün bu yazılanlara gülüşmeden
içi eski bir ağaç gibi ölmüş Amy son bir 'ah' ve *Ah'lar Ağacı*
kitabındaki gibi Didem'in inlemiş ve kırılmış, çıt etmiş,
ölüm bazen bir 'çıt' etmektir ki, insan hayatta en çok buna kırılır,

ölümün incecik bir sesi oluşuna, sanki ağaçlar köklerinden ve
yerler göklerinden sökülsün ister, sökülüyormuş gibi dünya da
boşluğundan ve yarışıyormuş gibi cennetle cehennem
melekle şeytan cadılarla periler bir şehrayin bir nümayiş...
Dalları gibi içi eski bir ağacın zayıf ve içten bir sesle kırılmış,
bir daha hiçbir şey yazmayacağım bu hususta, bu havada..."

Bu şiirin sonucu:
İki gün sonra uçağa bindim sayısız gazeteyle kucağımda
sonsuzluk gazetesi gibi mi demiştim yalnızca gökyüzü için
yayımlanan ve orada okunup bırakılan, açtığım ilk gazetede,
sanki benim defterim yeterince siyah değilmiş gibi,
içinden dökülesi harflerim yeterince tuzlu değilmiş gibi,
gözyaşlarım yeterince geceden kalmamış gibi...
İstanbul Barosu'nun iki vefat ilanı yanyana
Biri Didem Madak için, avukattı ya,
biri de ilk sevgilim için kocasının soyadıyla
bir de nedense hiç bilmediğim ilk adıyla
liseli aşkım, hukuk fakültesi, Bostancı iskelesi
bu şiirde Haydarpaşa yok, Ankara-Eskişehir-Bostancı var
gözleri hareli, sesi çocukluğundan kalma
yalancıktan hastalanmış da evde kalmış gibi hâlâ
hani dondurmanın üstüne buz gibi su içmenin,
ne var bunda, çocuk değil mi, olacak o kadar etkisi,
'okuyorum şiirlerini, benim için hâlâ yazmadın' demişti,
üç yıl var yok, adliyede karşılaşmıştık, gülümsemiştim,

üstelik Amy ile açtığım, Didem'le süren defteri hâlâ
kapatmamışken ve 'eski sevgilisi ölür ya insanın, ölürmüş,
benim hiç ölmedi' diye yazmışken daha iki gün önce,

ölmüş meğer, ölürmüş meğer ilk sevgili, niyeyse,
aynı gün elele tutuşarak belki sırtlarında onlara uzun
ve bol gelen adalet giysileri, 'kara cüppeleri' der miyim hiç,
onlarla, hangi duruşmaya yetişecektiniz ki kızlar?
Daha kaçıncı ki bu son duruşmanıza çok var...

Durdurun bu şiiri, inecek var!

Üçüncü Konuşma: AŞK BİR ORTAÇAĞ KARANLIĞIDIR!

... Gece değil karanlık ister aşk
lirik ikindilere, romantik akşamüstlerine,
barok akşamlara karşı gotik bir karanlık,
aydınlanma çağı, düşüncesi de dahil, sonu olmuştur
pek çok şey gibi aşkın da çünkü
aşk bir ortaçağ karanlığıdır!

Ha ha ha benden beklemiyordunuz değil mi
solcu, alevi, cumhuriyetçi, demokrat ve laik
benim gibi naif, naiv, nahif, naive hatta birinden
ve bazılarınıza göre oldukça romantik, sulu, gözüyaşlı,
hülyalı, hicranlı, içkili, içli ve pek melankolik
küçük bir kız babası ve karısına hâlâ âşık, yani
ailemizin şairinden beklenecek halt mı bu şimdi,
değil!

('Bu bir şiir değildir' diyebilirsiniz, değildir,
bu bir şiir değildir, yazan da şair değildir
sizin şiir dediğiniz şeyi ben gençken yazardım
o zaman hem devrimci, hem umutlu hem de bekârdım
bir kendime bakar bir dize, bir hayata bakar bir şiir,
bir anılara bakar bir kitap yazardım, fakat önce bakardım,
şimdi unuttum şiir yazmayı çünkü bakmayı unuttum
nasıl bakılırdı ilk bakış nasıl atılırdı bazı bakışlar neden
fırlatılırdı ve neden bazı yazlar bakışımsız kalırdı
ilk dize nasıl gelirdi, kaç arkadaş gerekirdi
bir şiir yazmak için ve kaç gece kaç şehir

kaç ihanet kaç kamaşma kaç ayrılık kaç sevişme
kaç eylem kaç uykusuzluk kaç eski kaç yeni
unuttum gitti unuttum gitti unuttum gitti
diyorum ya bunların hepsi aslında özenti
kolay yazmak istiyorum çok kolay
tıpkı şimdi yazdığım gibi bunları deftere
alır almaz kalemi elime şiir yürüsün
bir ileri iki geri ne ruhölçümü ne yüzölçümü
ne tenölçümü varsa yoksa sözölçümü
bir halk otobüsü ya da kasaba minibüsü
gibi şiir alsın yolcularını yazlıklardan, sitelerden
sonra götürüp denize döksün hepsini!)

Şiir böyle bir şeyse eğer
bunu da aşk şiiri olarak okuyabilirsiniz bence
sevmeyin, övmeyin, alkışlamayın, beğenmeyin tamam
fakat anlayışla karşılamak diye bir şey de var
anlayışla karşılamak bence anlamayanlar için icat edilmiş
tuhaf bir şeydir, tıpkı füzyon mutfak gibi
hani hiç anlamam da bu işten ne bileyim
baklavanın üstüne suşi gezdirmek gibi bir şey olmalı,
buna da razıyım, yeter ki anlayışla karşılayın benim bu şiirimi

Aşk ordadır, ortaçağdadır, karanlıktadır
itibarı iade edilmelidir vakit geçirmeden
aşkın değil yalnızca, ortaçağın da değil,
karanlık bir şiir olarak aşkın ortaçağının,
ve 'aşkın ortaçağı' kitapları tez yazılmalıdır
hatta bu konuşmanın adı bile 'aşk ortaçağdır' olmalıdır
karanlığa gerek yok zaten ortaçağ deyince
herkesin zihni birden aydınlanır: karanlık!

Ruh aydınlanır birden: karanlık!
Gövde aydınlanır birden: karanlık!
Şiir bu karanlığı aydınlatmalıdır
böylece aşkın ne kadar koyu olduğu anlaşılmalıdır
aşk koyudur ve bu bir rengin tonu filan değil
düpedüz aşkın huyudur, aşkhuylu olmak ki huysuzluk da
diyebiliriz, böyle koyu bir tabiat gerektirir işte
siz hiç aşkın ormanına dalmadınız mı,
aşktan hiç ağaç olmadınız mı, hayır
parklardan söz etmiyorum, Amazon gibi, yağmur
ormanları gibi sık, geçilmez, ağır yeşil, koyu yağmur
bir aşkın içine hiç düştünüz mü hiç
kuyunun bile bir sonu vardır
kendinize gelme ihtimaliniz vardır
aşkta yoktur, aşkın başı da yoktur sonu da
o yüzden ölesiye sevmek, "mourir d'aimer" filan demek,
bunlar hep filmdir, gerçek olan aşkın ölümle de bitmediğidir

Hayyam büyük insan büyük şair büyük aşk büyük hoş
"Biz sarhoş olduğumuzda üzüm henüz yaratılmamıştı" diyor
İbn Farıd ve bu dize aslında aşk yerine de geçiyor:
"Biz aşk olduğumuzda şiir henüz doğmamıştı"
nereye, insanın kalbine, çocuğun ruhuna, kadının içine,
adamın eline diye diye de diyebiliriz sözgelimi
siz daha iyi söylersiniz benim bu şiiri yazmam gerek
belki bu şiir bitmeden bana da söylersiniz
bunun bir canlı şiir, yani konuşma şiiri olduğunu biliyorsunuz,
şiire de gerek yok, konuşma olduğunu bilin yeter
o yüzden her şey girebilir bu şiire, zırrrrr, kapı,
dıııııt dıııııt dıııııt telefon, sokak satıcılarının sesi, zerzevatçııııı

bu sesi özledim, buna benzer bir de resim var
hatırlıyor musun sırtında küfesiyle ayva satan yaşlı adamı,
sanki her seferinde bir de besmele çekiyor gibiydi,
duvarımızın dibinden geçiyordu, o zaman evimiz yoktu
duvarımız vardı yani başka evlerin önündeydik ama olsun
o adam ikimizden bir ev olacağını seziyordu o yüzden gelmişti
O adamı unutma, o duvarın üstünden eve taşındık sonra
hatırla Rosa Luxemburg'u da, fikrimin ince gülü
o kızıl gül hepimizin aşkı değil midir hep hâlâ sonsuza kadar
"Bir kızıl goncaya benzer" onu sevmek fikrimce
hem her çağda aşkla başlamaz mı sosyalizm de
o yüzdendir inanca benzemesi bir dünyagörüşünden çok
hem de zaten hiç inanmadım "işçi sınıfının bilimsel..."
diye başlayan sovyet askeri akademi ders kitaplarının içeriğine
sovyetik, evet içinde 'etik' kavramı da geçiyor ama ne yapabilirim
evet şimdi biraz özlesem de sovyetler'i, niye özlüyorum peki,
ah olsa da eleştirsem diye, çünkü yokken eleştirmek
her şey gibi sovyetler'i de hiç etik gelmiyor bana
eh bir de ne kadar kaldıysa devrimci ahlak meselesi

Yoksa bu kez de bir yolculuk şiiri mi yazıyorum,
benzettiğimden değil ama keşke yazabilsem ben de
onun film çektiği gibi uzun uzun tarihin yolunda
insanın yolunda, devrimin yolunda barışın, denizin,
sessizliğin, kalbin yolunda zaman nasıl geçiyor
anlayamıyor insan işte ben de Angelopoulos gibi
hepsi elbette, hangisi değil ki, yeter ki Eleni Karaindrou
yapsın benim şiirlerimin de müziğini, sık sık şunu
diyorum: Şiiri görüyorum! Her defasında da inanılmaz
bir film izledikten sonra bunu söylüyorum

fakat Angelopoulos ve Karaindrou için iki kere
şiir şiir demem gerekiyor, şiiri görüyorum, şiiri duyuyoruum
böylece de şiirin yolcusu oluyorum! *Ulis'in Bakışı*
gezdiriyor beni zaten heykel olmak için yaratılmış
mağrur bir Lenin heykeli gibi, üzgün müyüm evet
kederli miyim derin çünkü hiç konuşmuyor Lenin
hiçbir şey demiyor gözleri Baltık denizleri gibi
uzak, puslu, sisli, bakın bakın kederlenin...
Gördüğüm en uzun şiirlerden biri Angelopoulos'un filmleri
Sonsuzluk ve Bir Gün görenlerimiz var gidenlerimiz var
göçenlerimizden belli hepimiz göreceğiz o şiiri
ve duyduğum en uzun şiirlerden biri Eleni Karaindrou
ben de bundan sonra zor yazarım eskisi gibi şiiri
çünkü iyice alıştım böyle yolculuk eder gibi
mola verir, yeni şehirler kurar, yeni denizler geçer
yeni yüzler ezberler, eskileri daha çok özler
gibi bilincim aklıma dökülür gibi, şelale, çağlayan
nasıl yazarım bir daha öyle liriklirik şiir
öyle su içer gibi şiir mi yazılır lıkır lıkır
hiç eğlenceli olmaz öylesi, gençlerin hakkı var
şairim diyen her fani denemeli böyle farklı şeyleri:
konuşma, alıştırma, deneme, yanılma, yolculuk,
açıklama, canlı, naklen, tesadüf gibi şiirlemeleri,
her yazdığının bir karşılığı olabilir şiirde
yoksa da bulunur öyle ya şiir bir deneme değil mi?
Denemedir, şiir her zaman böyle bir şeydir kesinlikle!

Şiir de karanlıktır karanlığa yolculuk sayılır
şiirin zamanı da yoktur yaşı da çağı da
aşksa bir ortaçağ karanlığıdır

biz aşkı böyle bilmezdik...
Aşkı nasıl bilirdiniz peki?
Şöyle eski bir şiire yazdığım gibi:

Üçüncü Eski Lirik: AY! AY! AY!
Ay fena çıktı aramıza, dilinde bana pek
yabancı bir lisan var, bu gece içimi
açık uyutacak bana seni benden açıkta
ya da aydan olacak ikimizin de sonu
ay ay ay! Ne vardı bu ayrılıkta
bir mektup gibi her şeyi uzatacak
gecemin yarısı sende, sense herkesin gecesini
toplamışsın üstüne bunca çok muydu
yıldızın sayamıyorum bile, ah bana
kalan gece avunmalık bile değil senden
ve avunacağım hiçbir şey yok bu sessizlikte
şımarıyor öteki gece demek ki ay sende
çoktan battı ve yıldızlar sayılmıyor gövdende
ay fena gece fena, bir buluttu ülkemiz
açılırdı gönlümüze, yağardı içimize
ve ara sıra iyi bakardık birbirimize
fena ay seni bir gece ülkesi yaptı şimdi
yıldızlara boğdu, göğünü altına serdi,
senin gövdeni aydınlatıyor fena ay
benim ruhumu karartıyor ay ay ayy

Aya gerek yoktu oysa yolunda gidiyordu
dünya, veda yolunda, gözyaşları yolunda
senin, ay erken çıktı fakat gecenin yoluna
ve en uzun gecesi de bu oldu şiirin

sende ay bende şiir uykusuz kaldı
ay bir gövdeyi aydınlattı bir şiir çıkarttı
bir aşkı karanlığa bıraktı artık şiir aysar
gövden aydın, aşk karanlık bu sularda
çok ay battı çok aşk battı ay ayarttı
senin tuzlu diline karanlık kattı
dil evinden uğradı ve yabancıyı aradı
bir ay daha batmaz bu şiirden batmasına da
bir aşk da çıkmaz yeniden sen aya bakma!

Biz aşkı böyle bilir, şiirini de böyle söylerdik
dersimizi alırdık da aşktan şiirini ezber ederdik
aşkın bir ortaçağ karanlığı olduğunu bilmezden önce
meğer ne karanlık bir yağmurmuş o ahmakıslatan
gibi kalbimize vura vura öğrendik,
oysa yağmurdan önce bir reklam metnini andırırdı aşk:
Sanki yazın en sıcak günü denize girer gibi
tepede gündüz ampulü sapsarı bir güneş kurusu
ve işte bütün kış o burnunda tüten masmavi
bir deniz hadi gir hadi gir gir erdik... Ee ne olacak ki
herkesin yaptığı bu, hem aşk mı kalır o havada
aşk o kadar çıplak mı yani güneşin alnında
kim demiş âşıkların birbirlerinin ruhuna kadar
soyunduğunu, sonra giyinmesi var bunun bir de,
isteseler de soyunamazlar hem derileri sökülse bile
denize atlarken birdenbire ruhları havada çarpışsa,
çarpışıp birbirine kelebekler gibi karışsa,
böylece o beyaz ruhlar da üç derece güneş kremiyle
korunmuş olarak bronz arzularına yenilse bile,
ve gövdenin ateşinden ruhlar yanıp bitip kül olsa bile

ruhları kül olup birer kavanoza konulsa, uzakegelere,
kayıpakdenizlere, ötekaradenizlere, sonsuzlukatlaslarına
serpilse bile: madde şiir, parça şiir, kül şiir...
Kül iyidir, aşkı da kapsar şiiri de yağmuru da ölümü de
ve sanki kül olursak ruhumuza kadar yani ta içimize
çekmiş sayılırız çocukluğu belki de iliklerimize
kadar yaşamış oluruz ölürken bir kere bile olsa
olsa...

Kül de ne tuhaf Bachmann'ı değil Celan'ı
hatırlatıyor bana oysa kül olan Celan
değildi, o boğazına kadar ölüme batmıştı
ölümle yıkanmıştı: suyun kül hali, ölüm,
aşkın kül hali, *Kalp Zamanı,* işte
külün içinden yeniden diriliyor şiir ve onun
aradığımız tanımı oluyor birdenbire
şiir: sözün kül hali
çocukluk: insanın kül hali
ve ölüm: insanın yalın hali,
ölüm, gözüne toz kaçar, üflersin!
bir kere üflersin, sonrası toz...

Şiiri de ölümüne sevmemeli bence
zaten öyle bir aşk da yok bence
hem niye olsun ki, onun adı
aşk olmaz ki o zaman ölüm olur
tembellikten ikiye ayırmışız bütün hayatı,
önce aşk, sonra sevgi ve arada gördüklerin
görülmemesi gereken şeyler besbelli,

bir lunaparktan ve korku tünelinden
geçiyorsun, ama kestiremiyorsun
komik mi gotik mi?

Aşk evet dünyanın en uzun tüneli
kendini ortaçağda bulduğundan beri
kapkaranlık olmuştur bunda bir giz bulmuştur
klişe gelebilir ama aşka düşme sakın
yanarsın dedikleri de budur
sanırım

Dördüncü Konuşma: AŞK KADAR...

Aşk yaz,
şiir geçecek kadar
biri gidecek kadar
biri gelecek kadar
bazen çıkacak kadar
bazen kaçacak kadar
nefes alacak kadar
ruha dolacak kadar
yola çıkacak kadar
sana bakacak kadar
sözden bıkacak kadar
avazı çıkacak kadar
aşka geçecek kadar
aşkta geçecek kadar
aşkla geçecek kadar
bir boşluk bırak!

Aşkın 'yüz'ü

1
Ey aşk
adınla başlayan acemiyi terk etme,
ustası olmasın sevmenin!

2
Aşk mı
o şehre yıkacak kalbim çok benim

3
Aşk: İçimde
birilerinin bağışladığı bir yara

4
Dünyanın son uykusu kadar güzeldin

5
Aşktandır marifetim, kalbim beni utandırma!

6
Bize aynalar verildi gövdemize tutsak gerek
kalp göğsümüze beladır tez elden kırsak gerek

7
Geceyi mırıldan, rüyaya gözün olsun
ayrılığı unutma, aşka yüzün olsun

8
Aşk bir vedayla başlar
hadi ne duruyorsun
vedalaş
kendinle

9
Suç sayılmaz aynaya yüzüstü yakalanmak da
düşüstü yakalanmak suç sayılır dünyaya

10
Hiç kırılmayan kalpten
daha acemidir çok kırılan kalp

11
Kimsesiz gül
şiirindir

12
Kimsem yok
gidenim çok

13
Ben yazı üşüyen bir kâğıdın
içinde geçirdim
ayrılıktan

14
Evi kurmaya sokaktan başlanır
aşkı kurmaya ayrılıktan

15
Bütün kış kapalı kaldı
ev de aşk da
biri sokağa öyleyse
biri ayrılığa

16
Ay dersi:
Karanlık olmasa bu kadar
aşkı kim hatırlar?

17
Kalbim yok kimsenin sonbaharında

18
Tanrıyı bu kadar güldürecek
ne çocukluk yaptım ki ben
aşktan başka?

19
Ey aşk
başka adın
yok muydu senin?

20
Şiir aşktır
çünkü nişanlıdır kelimeleri

21
Sevgilimin gözyaşları da
uçakla beraber indi

22
Bir yaprağım olsun isterdim
senin sonbaharından
parkların sessizliğine karışan

23
Kapısını çalabileceğimiz içimiz nerde?

24
İki yabancı kedi miyiz ne
başka sokaklardan–
aynı evde buluşmuş

25
Hırsız olsam geceye karışırdım
şair olsam siyaha karışırdım
âşık oldum karanlığa karıştım

26
Öyle çok sev ki beni
sen gittikten sonra da
yetsin bana

27
Sana âşık olalı beri
unuttum niye sevdiğimi seni

28
Seni boş yere sevmişim
çünkü âşığınım senin

29
Beni daha fazla sev, fazladan
sev ki hiç olmazsa bu yüzden
unutmak zor olsun hatırlamaktan

30
Sevmek isterdim seni
âşığın olmasaydım eğer

31
Çölü bir kitap gibi
okuyanlar geçer yalnızca
... dediğini okudum!

32
Anılarım ben oldu
ben onların gölgesi

33
Ben seni selam ile övsem: Aşkolsun diye
sen beni senden önlesen: Dur ya hu ile...

34
Bir ülkeyi terk etmeye benziyor
bir gövdeyi terk etmek de
o yüzden *"işgalci bir aşk bu"*
diyor Cemal Süreya

35
Sevgilim bana
'üzgün memeli
scvgilim' diyor!
Gülüyor...

36
Bende kime baktığını bilmediğim kız
herkes güzel gözlü olduğunu söylüyor

37
Tanımayan var mı yalnızlığın pulunu
gittiği her yerden mektupsuz geldi!

38
Unutmak bana bir şiir bağışladı,
adı gece,
sana dünya adlı
büyük bir bahçe

39
Kumlar bile uyurken çölde
senin kervanın geliyor
gam yüküyle

40
Gözlerini kapamanı istiyorum
içine bakman için

41
Şiirin neş'esi karanlık sözlerden
şarap acısını almaz aşkın
şarabın neş'esi gözyaşlarının dökülüşünden

42
Aşkta iki kişi yoktur
hiçkimse vardır

43
Belleğin iki kapısı:
Gözyaşı ve hatıra
birini sen unut, birini ben unutmam!

44
Küçük kız, gözyaşlarını ipeğe sakla
güz aşkıdır, düşersin, çocukluğunu sakla

45
Öyle güneşli ki sesin
gözümü açamıyorum senden

46
Sana bakarak konuşuyorum
sesim ondan güneşli

47
Hangisi güvercin
hangisi kumru
sesinin beslediği

48
Anıları sevdiğimi sanırdım
meğer yalnızca hatırlıyormuşum

49
Ruhumun köpekleri gurbete düştü
ben sana kaldım!

50
Aşka bir göçsonu
yetişen çocuk
bu kaçıncı bağbozumu
yine ezik, yine kekre

51
Bu gece iki kişilik uykusuzum!

52
Sende uzun bir kırmızı var, yakın bir mavi,
eski bir sarı dolaşıyor yüzünde ve yeşilin gölgesi
telaşlı bir mor... unutur muyum?

53
Birinin rüyasına girmek istiyorsan
uzun uzun gözlerine bak
birinin kalbine girmek istiyorsan
sözlerini evde bırak!

54
Aşk gibisin işte,
iki kişisin ya,
birinde eksilsen
birinde fazla

55
"Hey güzel adam
huysuzum, akşamsefam
kırmızıördeğim,
hay ince oğlum..."
(*sevgilimin mektubundan*)

56
Gönlümü açmadım ki çıplak olayım,
soyunuktum yalnızca!

57
Annem beni yetiştirdi,
ayrılığa yolladı!

58
'R'leri söyleyemesen de ne çıkar,
ağzın karanfil!

59
Onca günün geçmiş de
bir anı yok içinde...

60
Ağzın gövdesinde;
yakınlığınız dile
düştü bile...

61
Bana sıcak mektup yaz
harfler üşüyor...

62
Güvercinler uçsa da omuzlar önemlidir!

63
Gövdeyi acı sözlerden saklayan
dildeki zeytin

64
Yanık otlarda yitirdiğin yağmur mu
eski bir sevgilinin ruhu mu

65
Ey ten
ey yarı-ben
içinden ruhlar geçiyor
duyuyor musun?

66
Aşka söz geçiremedim
şiire olsun sözüm geçseydi

67
Daha kolay unuturuz kendimizi
birinin bizi unutmasından

68
Eski veda yetişemiyor
yeni ayrılıklara

69
İki zarftan biri bana
gelişinse,
biri benden
gidişin!

70
Tren durdu siz de durun
aşk buraya kadar!

71
Siyah anılara düştüm
beni gözlerinde tut

72
Ev biziz üşürken birbirimize

73
Birbirimizin varlığına katlanamıyorsak,
birbirimizin yokluğuna niye kanatlanmıyoruz?

74
Sen beni hiç hatırlamadığın için
unutmuş da sayılmazsın!
Üzülme...

75
'Seni sevmek
beni sevmek gibi bir şey'
Bencil bir aşk bu!

76
Camdan bakıp güldüğüne
candan bakar üzülürsün!

77
Aşk şehidi diyorlar Hallac-ı Mansur için
İmam Hüseyin de aşk şehidi öyleyse, Kerbela da şiir
hem Kerbela da suyun kül hali değil midir?

78
Aşk şiir gibidir, uykusuzdur,
uykusu gelir, sevgi olur

79
Geçmiş günleri kopar
geçmiş gülleri koparma

80
Sevgiliciğim
İplikciğim
İlmeğim
Bağım
Yünüm
Yumağım
Dolaşığım
Karışığım
Karıcığım
...

81
Sevgilim dedi ki:
Aramızdaki ipin
bendeki ucunu
bırakıyorum!

82
İşim değil başımdan aşkın
aşkın başımdan aşkın!

83
Aklın nöbeti dokuzdan beşe
yüreğin nöbeti gündüz gece

84
Arzu bir mektupsa
şiirim pul olsun ona
çünkü varacağı yeri
kimse bilmez puldan başka

85
Seni yalandan yaralayacak kadar eski
bir cümlem olsun isterdim
çocukluğun su tabancası gibi
fakat içinden süt fışkırtacak!

86
Erkekler nokta
kadınlar virgül
tükenirken biri
diğeri sürekli...

87
Mutluluk değil mutsuzluk diye
güneşli değil bulutlu diye
sabah değil gece diye
Haziran değil Eylül diye
renkli değil siyah diye
severler aşkı şairler
ve *"mutlu aşk yoktur"* değil
"mutlu şiir yoktur" derler!

88
Çocukluk denizimiz yoktu
ben sana düştüm!

89
Bizim denizimiz yoktu
sana sarıldım

90
Şiir göz okumasıdır
aşk güz okuması

91
Aşk çalışır
ayrılık da çalışır

92
Ayrılık ne ki bunun yanında
ben aşktan atıyorum kendimi!

93
Sana bir şey soracağım:
Beni hangimiz aldatıyor?

94
Yazmıyorum seni
koruyorum güzel cümle

95
Nikâhsız kıyıyorum
bütün evliliklere

96
Yıkılsın küçük sarayım tek mümkünüm aşk
sen de gez ey dilim gez hançerler kuşanıp

97
Doğru gitme
yoksa varırsın
sap kendinden
bir güze
belki âşık, belki
şiir olursun!

98
Öyle kayıptı ki onlar
yoktu birbirlerinden başka
bulabilecekleri hiç kimse

99
Bugün vuslat günüdür
rüyaları bu geceye
toplayalım iki gözüm

100
1 İdil'den
1000 Nar
benim 1001
aşkım var!

İÇİNDEKİLER

Nişanlılar müzesi 7
Nişanlı sözler.... 8
Nişanlım, yenim.. 10
Mavi geçti 11
Sesi yaz!.. 12
Diyor ki: 13
Gözleriniz nereden geliyor?... 14
Güz defteri 16
Güz koruma kılavuzu 17
Siz bende..........., ..., ... 18
Aşk için önsöz 19
Üç arzum kaldı sende 20
Bir gökyüzü nasıl gelişir?... 24
On yedi haziran, on yeni haziran...................................... 26
İdiller gazeli.. 29
İçlenbik.. 30
İ'dil... 34
12 şenlikli ay 37
Nar alfabesi... 42
Nar için 1000 tane 44
Şairin 'budala'sı 49
Rubailer... 51
Uykusu gelen şeyler üstüne... 53
Amor Fati 63
'Onsra' 64
Bahçe bağışlar.. 68
Benden akşam olmaz!.. 70
İzmir radyosu konuşması... 71
İstanbul radyosu konuşması.. 75
Ankara radyosu konuşması 78

Aşk türküsü 83
Sanırım aşk onunla hiçbir zaman karşılaşmamaktır! 84
Yapayanlış 88
Yarım ağustos 89
Aşk küçük 91
İçimdeki çocuk! 93
Karşı haziran 95
Güzel hata 98
Yalnızsan cumartesidir! 100
Yeşil gömlekli çocuk 102
Toz 106
Yağmurlu elma 108
Mavileyin 111
Bir şiir yalnızca bir şiir midir? 113
Elmanın E'si 122
Ne olacak bu şiirin sonu? 123
Eski moda aşk şiiri 124
İkinci yeni aşk şiiri 125
647 Emel 126
İncitmebeni 127
Mısır'ın yedisi 130
Unutmabeni! 132

Yıllanmış şiirler
Ciddi savaşlar çıkacak! 137
Solgun resmine bakınca 139
Efendi ölsün! 140
Kan kalesi 141
Bu şiir kederlidir 142
Kalbin küçük ırmağına övgü 143
Baudelaire'in kadını 144
Seyirciler gazeli 145
Aşknefes 146

Çok güzelsiniz, "yalanların ablası" seçildiniz!....................... 147
Büyümek zorundaydım sizin aranızda.................................... 150
Aşk-ı mili.. 153
"Camdan kalp" 155
Yağmursusuz!.. 157
Aşk için bir pul daha... 159
Mektup, aşktan da acı... 162
Cep mektubu... 164
Tercüme.. 165
Aşk yaz, bir boşluk bırak
Birinci konuşma: Boşluk, Aşkın Kendisi!............................ 169
İkinci konuşma: Aşktan Uçtuğumda................................... 178
Üçüncü konuşma: Aşk Bir Ortaçağ Karanlığıdır!............... 191
Dördüncü konuşma: Aşk Kadar!.. 200
Aşkın 'yüz'ü 201